AF312321

Thèse

POUR LE DOCTORAT

L'acte public sur les matières ci-après sera soutenu

Le lundi 17 mars 1856, à une heure,

PAR

Alexandre LOMPRÉ.

né à Semur (Côte d'or).

Président, **COLMET-DAAGE**, Professeur.

Suffragants :
- MM. **DEMANTE**,
- **PELLAT**, Professeurs.
- **DUVERGER**,
- **FERRY**, Suppléant.

PARIS

J. B. GROS, IMPRIMEUR DES TRIBUNAUX
Rue des Noyers, 74.

1856

A MON PÈRE, A MA MÈRE.

DROIT ROMAIN.

DE LA NOVATION CONTRACTUELLE.

1. On distingue généralement parmi les modes d'extinction des obligations, d'une part ceux qui opèrent *ipso jure*, et d'autre part ceux qui opèrent *exceptionis ope*. « *Obligatio aut ipso jure aut per exceptionem tollitur.* » Mais les premiers, ceux qui appartiennent au droit civil proprement dit, sont vraiment les seuls qui doivent être considérés comme des modes de dissolution des obligations ; les autres ne sont que des moyens de défense introduits par la jurisprudence prétorienne ou par les constitutions impériales, à l'effet de paralyser l'action du créancier, dans des cas où cette action, quoique fondée en droit, est cependant contraire à l'équité (1).

2. C'est surtout à l'époque de la procédure formulaire que cette distinction présentait un grand intérêt, car elle était liée intimement à la rédaction de la formule et à l'étendue des pouvoirs du juge ; mais il n'en fau-

---

(1) « *Justa est, sed tamen iniqua,* » dit Justinien. *Inst. pr. de except.* Il y a aussi des exceptions fondées sur des motifs d'ordre public, par exemple, l'exception *rei judicatæ;* ces dernières ne sont pas sous-entendues dans les actions de bonne foi.

drait pas conclure, comme le font quelques auteurs (1) que, depuis l'abolition de cette procédure, il n'y a plus aucun intérêt à distinguer les modes d'extinction *ipso jure*, et les modes d'extinction *exceptionis ope*. On peut se faire une idée sommaire de la différence qui a subsisté entre ces deux grandes classes de modes d'extinction, en comparant les obligations éteintes *ipso jure* à ce qu'en droit français nous appelons obligations *nulles absolument*, et les obligations éteintes *exceptionis ope* à nos obligations simplement *annulables*. Lorsqu'une obligation est éteinte *ipso jure*, c'est comme si elle n'avait jamais existé; aucune circonstance ne peut donc la faire revivre; tout ce que l'on peut faire, par des pactes, c'est de créer une obligation nouvelle, là où l'obligation s'établit par le simple consentement. *Non enim ex novo pacto prior obligatio resuscitatur, sed proficiet pactum ad novum contractum* (2). Il en est autrement, si l'obligation, au lieu d'être éteinte *ipso jure*, n'est passible que d'une exception; alors il suffit d'écarter l'exception ou l'obstacle, pour que cette obligation, valide par elle-même, manifeste toute son efficacité. Ainsi une obligation éteinte *exceptionis ope* peut reprendre toute sa force par l'effet d'un simple pacte, de même qu'elle peut être valablement l'objet d'une novation, d'une fidéjussion, etc. On ne doit donc pas s'étonner que cette distinction ait survécu à la procédure formulaire, et qu'elle trouve encore une large place dans les recueils de Justinien.

3. La novation est un mode d'extinction reconnu par le droit civil. Elle consiste, suivant la définition

---

(1) Mühlenbrück. Thibaut.
(2) L. 27. § 3, ff., de pactis.

d'Ulpien, dans la substitution d'une nouvelle obligation à une ancienne : « *Novatio est prioris debiti in
aliam obligationem translatio atque transfusio* (1). »
Ainsi la novation produit à la fois un double effet :
elle éteint une obligation, et en crée une autre en sa
place.

4. On distingue deux sortes de novation, la novation *contractuelle* et la novation *judiciaire*. La première, comme son nom l'indique, résulte de l'accord
libre des parties, manifesté dans un contrat, tandis que
la seconde est un effet obligé de la procédure judiciaire. *Tollitur adhuc obligatio litis contestatione, si
modo legitimo judicio fuerit actum. Nam tunc obligatio quidem principalis dissolvitur, incipit autem
teneri reus litis contestatione : sed si condemnatus sit,
sublata litis contestatione, incipit ex causa judicati teneri* (2). Nous ne nous occuperons que de la novation
contractuelle.

CHAPITRE I.

Des différentes manières dont s'opère la novation.

5. La novation peut se produire de diverses manières :
tantôt elle crée un nouveau rapport d'obligation entre
les mêmes personnes, tantôt elle donne naissance à une
obligation qui n'unit plus les mêmes parties. Dans le
premier cas, on dit qu'il y a *novation proprement dite ;*
dans le second, il y a tantôt *expromission*, tantôt *délé-*

(1) L. 1, pr. ff,, de novat. — *Novatio a nova nomen accepit et a nova
obligatione.*
(2) Gaïus, C. III. § 180.

gation; il y a expromission, lorsqu'un nouveau débiteur vient spontanément, c'est-à-dire sans le concours de l'ancien, s'obliger à sa place (1) ; il y a délégation, lorsque celui qui joue le rôle de promettant dans la stipulation s'oblige par suite d'un mandat qui lui a été donné à cet effet par l'ancien débiteur ou par l'ancien créancier (2).

6. Dans le cas de novation proprement dite, la nouvelle obligation diffère de l'ancienne, soit par la cause (3), soit par l'objet (4), soit par les modalités (5), soit par les accessoires (6). Dans le cas d'expromission

(1) L'expromission est rare dans la pratique ; car on trouve peu de personnes disposées à venir de leur propre mouvement s'obliger pour libérer un tiers.

(2) Je ne vois pas pourquoi on ne donnerait pas le nom de délégation à la novation par changement de créancier ; *delegare* est en effet synonyme de *mandare* ; il est donc logique d'appeler délégation toute novation qui est le résultat d'un mandat. Voir d'ailleurs l. 4, ff. de novat. Ce n'est là, au surplus qu'une affaire de mots.

Gaïus nous présente la délégation comme un moyen détourné de transporter à autrui le bénéfice d'une créance. (C. II, §§ 38 et 39.) Voir aussi Vat. fr. § 263.

(3) C'est-à-dire par le fait juridique qui donne naissance à l'obligation ; comme si, créancier d'une chose pour cause de vente, je stipule la même chose du même débiteur.

(4) Il est assez remarquable qu'aucun texte du Digeste ne prévoie l'hypothèse où les parties veulent opérer une novation par changement d'objet (*Spondesne mihi dare Stichum pro Pamphilo*). N'en doit-on pas conclure qu'un pareil changement répugne à la novation ? Nous avouons que ce point nous paraît fort douteux. Selon Pothier (ad Pand. tit. de nov. XVI, note *h* et XIX), l'objet de la première obligation doit nécessairement être *déduit* dans la stipulation faite *animo novandi*. Il invoque à l'appui de son opinion les lois 4 et 9, § 2. ff. de novat. On pourrait encore argumenter en ce sens de la définition même de la novation (*translatio prioris debiti…*). Mais voir en sens contraire L. 28, ff. de novat. L. 58, ff de verb, oblig. et L. 8, C. de novat. (*quantitatem minuendam*). Quoi qu'il en soit, si l'*animus novandi* existe, la première obligation est certainement éteinte *exceptionis ope*, sinon *ipso jure*.

(5) Comme si, créancier pur et simple, je stipule à terme.

(6) Comme s'il y a adjonction ou suppression de fidéjusseur.

ou de délégation, la différence consiste dans les personnes. Rien n'empêche au reste que plusieurs de ces différences ne se trouvent réunies.

7. Dans la délégation, il peut y avoir ou changement de débiteur seulement, ou changement de créancier seulement, ou tout à la fois changement de créancier et changement de débiteur ;—changement de débiteur, si Secundus obligé envers Primus délègue à celui-ci Tertius qui ne lui doit rien ; Tertius en s'obligeant envers Primus libère l'ancien débiteur Secundus (1) ; — changement de créancier, si Secundus créancier de Tertius et voulant faire une donation à Primus délègue à celui-ci son débiteur ; Tertius en s'obligeant envers Primus se libère vis-à-vis de son ancien créancier Secundus ;— changement de créancier et de débiteur, si Secudus obligé envers Primus délègue à celui-ci son débiteur Tertius ; Tertius en s'obligeant envers Primus éteint tout à la fois son obligation envers Secundus et l'obligation de Secundus envers Tertius (2). Il peut même arriver que le nouveau débiteur et le nouveau créancier n'aient été parties ni l'un ni l'autre dans des obligations antérieures. Ainsi, Titius étant débiteur de Sempronius, son obligation peut être éteinte par une stipulation entre Primus et Tertius, personnes qui ne sont dans aucun rapport d'obligation avec Titius et Sempronius, si cette stipulation a lieu sur l'ordre de ces derniers. C'est même vraiment dans ce seul cas qu'*une novation* opère à la fois et changement de créancier et changement de débiteur ; car dans l'exemple précédent, il y avait, à pro-

----

(1) L. 33, ff. de novat.
(2) C'est le cas le plus ordinaire dans la pratique.

prement parler, *deux novations* s'opérant, l'une par changement de débiteur, et l'autre par changement de créancier. Ces diverses manières dont a lieu la délégation sont comprises dans la définition suivante, qui nous est donnée par Ulpien : « Delegare est vice sua alium reum dare creditori, vel cui jusserit (1). »

8. Les parties qui jouent un rôle dans la délégation portent différents noms qu'il importe de connaître ; le promettant est appelé *délégué ;* le stipulant, *délégataire,* et celui sur l'ordre duquel la stipulation est faite, *déléguant.* Dans nos trois premiers exemples, Tertius est le délégué, Primus le délégataire, et Secundum le déléguant ; dans le dernier exemple, il y a deux déléguants, Titius et Sempronius.

9. Il faut bien distinguer dans la délégation, d'une part, a *stipulation,* contrat solennel qui intervient entre le délégué et le délégataire, et, d'autre part, le *mandat,* contrat purement consensuel qui intervient entre le déléguant et le délégué, et aussi entre le déléguant et le délégataire. Toute délégation suppose, comme on voit, trois contrats distincts : 1° mandat donné au délégataire à l'effet d'accepter le délégué pour débiteur ; 2° mandat donné au délégué à l'effet de se constituer débiteur du délégataire ; 3° contrat verbal entre le délégué et le délégataire. Il faut d'autant plus se prémunir contre toute confusion à cet égard que les textes désignent indifféremment sous le nom de délégation, soit la stipulation, soit le double mandat qui a cette stipulation pour objet, soit enfin l'opération tout entière ; dans son sens propre, le mot

---

(1) L. 11, pr. ff. de noval.

délégation signifie mandat; c'est par métonymie, comme le dit Vinnius (1), en prenant l'effet pour la cause, qu'on a pu appeler de ce nom la stipulation qui est faite en vertu du double mandat dont nous avons parlé.

De même, dans l'expromission, il faut bien se garder de confondre la stipulation qui intervient entre *l'expromissor* et le créancier, avec le quasi-contrat de gestion d'affaires qui se forme entre l'ancien débiteur et *l'expromissor*.

CHAPITRE II.

De la forme de la novation.

10. La novation peut revêtir trois formes différentes, elle s'opère, en effet, soit par la stipulation, soit par les contrats *litteris*, soit par la *dictio dotis*. Mais le seul mode général de novation, le seul qui soit vulgairement usuel, c'est le contrat de stipulation.

SECTION Iʳᵉ.

De la novation par stipulation.

11. Pour que la novation s'opère, il faut qu'il y ait un contrat verbal valable dans la forme; de là la conséquence qu'un esclave ne peut pas faire novation en se portant promettant dans une stipulation. Arrêtons-nous un moment sur ce point qui n'est pas sans difficulté.

(1) Vinnius. de nov. 3.

Nous verrons ultérieurement qu'il n'est pas nécessaire que la stipulation donne naissance à une obligation civile, produisant une action, pour que la première obligation soit novée ; une obligation simplement naturelle suffit ; ainsi, un pupille qui se porte promettant, sans être habilité par son tuteur, peut cependant opérer novation. Pourquoi n'en est-il pas de même de l'esclave ? La promesse de l'esclave ne donne-t-elle pas naissance à une obligation naturelle tout aussi bien que la promesse du pupille ? La raison de cette différence nous est indiquée par Gaïus. Ce jurisconsulte nous apprend, en effet, que quand un esclave se porte promettant avec intention de nover, il n'y a pas plus novation dans ce cas que si l'on avait stipulé, par la formule quiritaire *spondes*, d'un pérégrin, à qui la communication de cette formule n'aurait pas été concédée (1). C'est donc bien, comme nous le disions, par suite d'un défaut de forme, que la promesse d'un esclave est impuissante à opérer novation. Et, en effet, l'esclave n'a, à proprement parler, point de personne (2) ; s'il peut posséder un pécule, le faire valoir, être institué héritier, recevoir un legs, une donation, diriger un commerce, un navire, c'est en empruntant la personne de son maître dont il est alors le représentant ; or, il ne peut, en général, représenter son maître dans une stipulation, qu'autant qu'il y figure comme

______

(1) Gaïus, C. III. § 179.

(2) L. 32, ff. de reg. juris.—Quand nous disons que l'esclave n'a point de personne, cela signifie qu'il n'a *par lui-même* aucune capacité civile ; ce serait donc une erreur de l'assimiler complètement à une chose ; car, à la différence d'une simple chose, l'esclave peut acquérir une capacité du chef de son maître.

stipulant; dans le cas contraire, la stipulation manque d'une de ses conditions essentielles; car, dit Théophile, quand c'est un esclave qui promet, il n'y a pas de promettant. Du reste, quoique nul en la forme, le contrat verbal n'en contient pas moins un pacte dont l'effet est d'obliger naturellement l'esclave; ainsi donc, aucune contradiction entre ces deux résultats; naissance d'une obligation naturelle, d'une part, et absence de novation, d'autre part. Une obligation naturelle suffit bien pour opérer novation, lorsque cette obligation dérive d'un contrat verbal valable dans la forme; mais si la forme manque, il importe peu qu'une obligation naturelle prenne naissance; le fond ne peut pas suppléer à la forme.

Notre explication n'est pourtant pas admise par tout le monde. Plusieurs interprètes déclarent ne point comprendre qu'une stipulation n'opère pas novation, alors qu'elle donne naissance à une obligation naturelle, et ils soutiennent, en conséquence, que si la novation ne peut résulter de la promesse d'un esclave, cela tient à ce que l'esclave est incapable de se porter *intercessor*, même à l'effet de s'obliger naturellement.

Mais, outre que ce système ne tient aucun compte du texte de Gaïus, d'après lequel l'esclave est assimilé à un pérégrin, il ne nous paraît nullement établi que l'esclave soit incapable de s'obliger naturellement en se portant *intercessor*. Tout ce que les textes disent au sujet de l'intercession de l'esclave, c'est que, dans ce cas, le maître n'est pas tenu *de peculio* (1). L'explication précédente repose donc sur un principe erroné.

(1) L. 30, § 1, ff. de pactis; L. 3, § 5 et L. 17, § 1, ff. de peculio; I. 19, ff. de fidej.

Plusieurs preuves viennent au contraire à l'appui de notre opinion. On sait, en effet, que le droit honoraire attribue dans certains cas à l'esclave une personnalité que lui dénie le droit civil; ainsi un esclave qui a un pécule oblige son maître en faisant une promesse relative à ce pécule (1); il en est de même s'il se porte promettant sur l'ordre de son maître, ou comme préposé à un commerce ou à la conduite d'un navire. En faut-il conclure que dans tous ces cas la promesse de l'esclave opère novation? Si l'on adopte l'explication de nos adversaires, il faut sans hésiter répondre affirmativement; car, dans ce système, il y a novation du moment que la stipulation faite avec intention de nover donne naissance à une obligation. Mais la solution sera différente, si notre explication se trouve être la véritable; car le préteur ne peut pas faire que l'esclave ait la capacité *civile* de figurer comme promettant dans un contrat verbal; il donnera bien une exception *pacti conventi* au débiteur que l'esclave voulait libérer par sa promesse, mais ce débiteur ne sera pas libéré *ipso jure*. Or cette dernière solution est formellement écrite dans une loi du Digeste (2); le système qui lui sert de base est donc par là même démontré.

Ajoutons une dernière observation. La question de savoir si la promesse de l'esclave pouvait ou non opérer novation avait autrefois été discutée. Selon Servius Sulpicius, elle aurait suffi pour nover une première obligation; mais Gaïus nous apprend que son avis n'a

(1) L. 3, § 5 et L. 47, § 1, ff. de peculio.
(2) L. 30, § 1, ff. de pactis.

pas prévalu (1). Or nous lisons dans un autre passage de Gaïus (2) que l'on discutait également la question de savoir si un *sponsor* ou un *fidepromissor* pouvait accéder à la promesse d'un esclave. Le *sponsor* et le *fidepromissor* ne pouvant accéder qu'à une obligation *verbale*, il résulte clairement de la comparaison de ces deux textes, que la base de la discussion était la même dans l'un et l'autre cas. Pour les uns, la promesse de l'esclave constituait un contrat verbal valable dans la forme; elle pouvait donc être garantie par la promesse accessoire d'un *sponsor* ou d'un *fidepromissor*, et en même temps opérer novation. Pour les autres, au contraire, l'esclave était incapable de constituer par sa promesse un véritable contrat verbal, et, par suite, sa promesse ne pouvait, ni être garantie par l'obligation d'un *sponsor* ou d'un *fidepromissor*, ni opérer novation.

12. Il ne suffit pas, pour que la novation s'opère, que la seconde obligation dérive d'un contrat verbal valable dans la forme ; il faut encore que ce contrat verbal renferme *quelque chose de nouveau. Ita demum novatio fit si quid in posteriore stipulatione novi sit* (3).

(1) Gaïus. C. III, § 179.
(2) Gaïus. C. III, § 119.
(3) Gaïus. C. III, § 177. — Inst., § 3. Quib. mod. oblig. toll. Si la novation a lieu par changement de débiteur ou par changement de créancier, cette condition se trouve *nécessairement* remplie ; c'est pour cela que Gaïus et Justinien ne jugent utile d'en parler que dans le cas où la novation a lieu *inter easdem personas*. Mais, comme on voit, rien n'empêche de généraliser cette règle. Ajoutons que si la première obligation n'est pas née elle-même d'une stipulation, le contrat verbal destiné à opérer novation renferme *forcément* quelque chose de nouveau, alors même que la novation s'opère entre les mêmes personnes, puisque la *cause* de l'obligation est changée.

Le sens de cette règle ne paraît pas très-clair au premier abord ; il est bien évident en effet que, si les parties font une stipulation *animo novandi*, c'est toujours dans le but d'apporter quelques changements à leur ancien rapport d'obligation. Qu'est-il donc besoin de dire que cette stipulation doit renfermer quelque chose de nouveau, puisque les parties ne sauraient raisonnablement vouloir remplacer une obligation par une autre complétement identique à la première ? Et, si les parties ont pourtant eu cette intention bizarre, quel intérêt y a-t-il à savoir que la novation a pu ou n'a pas pu s'opérer, puisque le résultat sera absolument le même dans l'un et l'autre cas ?

Nous croyons cependant que notre règle est loin d'être insignifiante. Il résulte en effet du texte de Gaïus que ce *quelque chose de nouveau*, nécessaire à la novation, doit se rencontrer dans le contrat verbal lui-même, dans les paroles solennelles de la stipulation (*in posteriore stipulatione*). Or il est facile d'imaginer une hypothèse où la seconde stipulation ne renferme pas cet *aliquid novi* et où, par suite, la novation est impossible, quoique les parties y aient intérêt.

Primus stipule de Secundus cent sesterces ; Tertius donne ensuite, par simple pacte, une hypothèque à Primus, pour garantie de sa créance. Plus tard, Primus voulant décharger Tertius de son hypothèque, croit arriver à se résultat en stipulant une seconde fois de Secundus les mêmes cent sesterces, avec intention de nover. Cette stipulation éteindra-t-elle effectivement l'hypothèque donnée par Tertius ? Non, si elle n'est que la reproduction exacte de la première, car le changement que les parties avaient pour but d'opérer dans leur ancien rapport d'obligation ne résulte nullement des paroles solennelles de la stipulation. Or, c'est le contrat verbal seul qui a pour effet d'opérer novation ; et les Romains voulaient, que la forme employée rendît raison du résultat produit. De là l'impossibilité de nover une obligation verbale par une stipulation complétement identique à la précédente; l'*animus novandi* aura beau exister, la question de novation aura beau présenter de l'intérêt, la nouvelle stipulation ne pourra, à raison de sa forme, que constituer une reconnaissance de la première obligation.

13. Cette manière d'envisager les choses explique même, selon nous, la controverse qui s'était élevée entre les Sabiniens et les Proculéïens, au sujet de l'addition on de la suppression d'un *sponsor*. Les Sabiniens pensaient qu'un tel changement opérait novation; les Proculéïens soutenaient l'opinion contraire (1). Aucun auteur, à notre connaissance du moins, n'a indiqué jusqu'ici en quoi consistait la raison de douter, quelle était la base de la discussion. Nous proposerons l'explication suivante. Les Proculéïens raisonnaient ainsi : « L'obligation du débiteur principal et celle du *sponsor* forment deux obligations bien *distinctes*, nées de stipulations *séparées* ; or, lorsque la seconde stipulation a lieu, et que le débiteur principal répond à l'interrogation du créancier, sa promesse est absolument identique à celle qu'il avait faite lors de la

______

(1) Gaïus. C. III, § 178. Remarquez bien sur quelle question roulait la controverse ; cette question n'est pas, comme plusieurs auteurs semblent le croire, celle de savoir « si, pour ajouter ou supprimer un *sponsor*, il fallait faire une novation, et par conséquent s'il fallait interroger de nouveau le débiteur principal »; mais on se demandait « si, *en supposant que le débiteur principal fût interrogé de nouveau*, l'addition ou la suppression d'un *sponsor, jointe à cette interrogation*, opérait novation. »

première stipulation ; cette promesse ne renferme donc pas *quelque chose de nouveau*, et, par suite, ne peut constituer qu'une simple reconnaissance de la première obligation. Peu importe qu'il y ait, dans la seconde stipulation, addition ou suppression de *sponsor* ; car ce changement ne porte que sur l'obligation accessoire ; l'obligation principale reste la même ; il ne peut y avoir novation (1). » Les Sabiniens répondaient : « Il est vrai que l'obligation du débiteur principal et celle de *sponsor* dérivent de deux stipulations distinctes, mais il faut observer que ces deux stipulations ont eu lieu *dans une seule et même opération* ; or, deux stipulations nées en même temps, formées pour ainsi dire côte à côte, ne doivent pas être séparées l'une de l'autre ; c'est l'opération dans son entier, c'est-à-dire l'ensemble des deux stipulations qu'il faut considérer, et non pas seulement la stipulation principale. L'addition ou la suppression d'un *sponsor* constitue donc un changement suffisant pour opérer une novation, pourvu que l'obligation du *sponsor* et celle du débiteur principal aient été formées en même temps (2). » L'un et l'autre raisonnement pouvant d'ailleurs s'appliquer au *fidepromissor* et au *fide-*

______

(1) Les Proculeïens ne devaient pas admettre qu'on pût libérer un *sponsor*, en interrogeant de nouveau le débiteur principal seulement ; car cette libération n'est qu'une conséquence de la novation.

(2) Plusieurs auteurs soutiennent que le *sponsor* devait nécessairement s'obliger en même temps que le débiteur principal. Mais c'est là un point qui ne nous paraît nullement justifié. Si tous les sponseurs eussent dû être présents au moment de la stipulation principale, la loi Apuleïa n'aurait pas exigé que le créancier déclarât hautement et à l'avance (*prædicet palam et declaret*) combien il allait recevoir de sponseurs, car ces sponseurs pouvaient se voir et se compter au moment du contrat. On ne concevrait pas surtout que la même loi eût mis à cette prescription une sanction aussi rigoureuse qu'elle l'a fait. (Voir Gaïus, III, § 123).

jussor, aussi bien qu'au *sponsor*, nous pensons que la controverse portait sur ces trois espèces d'obligés accessoires.

14. Si l'on adopte notre explication, on n'a pas besoin de considérer, dans le texte des Institutes, le mot *fidéjussor* comme substitué par inadvertance au mot *sponsor*; car, l'opinion des Sabiniens ayant prévalu, il était vrai de dire qu'une addition ou une suppression de fidéjusseur suffisait pour opérer novation *pourvu que le débiteur principal fût interrogé de nouveau* (1).

15. Dans le cas où la novation constitue une délégation, le seul contrat qui soit soumis à des formes solennelles, est le contrat verbal qui intervient entre le délégué et le délégataire. Quant au double mandat que donne le déléguant et dont ce contrat verbal n'est que l'exécution, c'est de sa nature un contrat purement consensuel, qui n'est par conséquent assujetti à aucune condition de forme. Ainsi peu importe que le dé-

---

(1) Plusieurs auteurs ne peuvent comprendre qu'une addition de fidéjusseur suffise pour opérer novation; ils voient là une contradiction avec un autre passage des Institutes, où il est dit que le fidéjusseur peut *suivre l'obligation* (Inst., § 3 de fidej.). Mais Justinien ne dit pas, comme ces auteurs le croient sans doute, que *pour ajouter un fidéjusseur, il faut faire novation*; il veut dire simplement que, *si le débiteur principal est interrogé de nouveau, l'addition d'un fidéjusseur jointe à cette interrogation suffit pour opérer novation*.

Dans un autre système, ces mots : « *si fidéjussor adjiciatur* » se rapporteraient à l'hypothèse où il y a stipulation avec promesse de fournir un fidéjusseur, et ceux-ci : « *si fidéjussor detrahatur* », à celle où, après avoir stipulé de mon débiteur qu'il me paiera dix, et qu'il me fournira en outre un fidéjusseur, je stipule de nouveau les mêmes dix sans renouveler ma demande de fidéjusseur. Mais outre que cette explication s'accorde difficilement avec le texte des Institutes, il devient absolument impossible, dans ce système, de comprendre la controverse qui existait entre les Sabiniens et les Proculeïens au sujet du *sponsor*.

léguant donne son consentement par écrit, ou verbalement; il peut même le donner par un simple signe de tête (1). Notons aussi que le double mandat dont il s'agit n'a pas besoin d'être donné explicitement au délégataire et au délégué tout à la fois ; car quand je donne mandat au délégataire à l'effet d'accepter le délégué pour débiteur, je donne par cela même mandat à ce dernier pour se constituer débiteur.

16. Le consentement du déléguant peut indifféremment précéder ou suivre la stipulation ; *rati enim habitio mandato comparatur* (2).

17. Mais ce consentement doit réellement avoir la novation pour objet. Un créancier qui donne l'ordre à son débiteur de payer son propre créancier ne consent pas par là même à la novation que ce débiteur voudrait opérer. En conséquence, si le débiteur, au lieu de payer, comme il en a reçu le mandat, se porte promettant à la place de son créancier, il y aura expromission et non délégation ; et par suite, il n'éteindra pas sa propre dette, quoique éteignant celle du créancier vis-à-vis du stipulant (3).

(1) L. 17, ff. de novat.
(2) L. 22, ff. de novat; L. 12, § 4. de solut.
(3) L. 21, ff. de novat. On a soulevé une difficulté sur cette loi. Comment se fait-il, a-t-on dit, que Pomponius considère le promettant comme n'étant pas libéré envers le créancier ? Ce créancier ne peut-il pas invoquer la compensation en vertu de la constitution de Marc-Aurèle ? (Inst. de act., § 30). — Pour expliquer cette apparente contradiction, on a imaginé de dire que le fragment tiré de Pomponius était postérieur à la constitution de Marc-Aurèle (Pothier, ad Pand. tit. de novat., n° XXVIII). Mais il nous semble bien plus naturel de répondre que la compensation n'opérant qu'*exceptionis ope*, Pomponius a pu dire, sans se mettre en contradiction avec la constitution de Marc-Aurèle, que l'obligation n'est pas, dans l'espèce, éteinte *ipso jure;* il ne s'occupe en effet que du droit strict; il se borne à nier qu'il y ait *extinction immédiate* de l'obligation, comme

18. De la forme même de la délégation, il résulte qu'un débiteur ne peut, malgré lui, se voir déléguer à un autre créancier ; car, le contrat de mandat en vertu duquel la stipulation doit être faite, ne peut se former qu'avec le consentement du délégué, et la stipulation elle-même ne peut avoir lieu si le délégué refuse de répondre à l'interrogation du délégataire. C'est là un point assurément fort remarquable, et qui constitue une différence essentielle entre la délégation et la cession de créance (1).

SECTION II.

De la novation par les contrats litteris.

19. Les contrats formés par l'écriture *(litteris)* occupent fort peu de place dans les textes de droit romain qui nous ont été conservés. Plusieurs fragments insérés au Digeste tendraient même à faire croire qu'il n'y avait pas à Rome de pareils contrats (2). Cependant leur existence nous paraît suffisamment démontrée par

le prouve l'expression *statim* dont il se sert : « *non statim tu etiam stipulando id novare possis.* »

(1) L. 1 et 6. C. de novat. — C'est même pour remédier à l'impossibilité où se trouvait un créancier d'aliéner sa créance sans le consentement de son débiteur, que la cession de créance a été imaginée ; mais comme le cédant restait toujours créancier après la cession, et conservait encore le droit de poursuivre le paiement, la cession n'offrait, dans le principe du moins, qu'un moyen très-peu sûr pour le cessionnaire. C'est avec le temps seulement, par l'effet d'exceptions de dol et même d'actions utiles, que le cessionnaire n'eut plus à redouter les conséquences de la mauvaise foi du cédant.

(2) L. 1, § 1, ff., de oblig. et act.; L. 8, § 1, ff., de fidejis.; L. 1, § 1, ff de novat.

les Institutes de Gaïus (1), par celles de Justinien (2), et par la paraphrase de Théophile. Si au Digeste nous n'en trouvons, pour ainsi dire, aucune trace, c'est que les anciennes formes du contrat *litteris* étant tombées en désuétude, les compilateurs de ce recueil ont cru devoir supprimer, partout où ils la trouvaient, la mention d'un contrat qui avait disparu.

Ceci admis, voyons en quoi consistait l'ancien contrat *litteris* et comment il pouvait opérer novation.

20. Une obligation *littérale* pouvait résulter de trois écrits différents, savoir : les *nomina transcriptitia*, les *chirographa* et les *syngraphæ*.

§ 1. *Nomina transcriptitia.*

21. A Rome, tout *paterfamilias* tenait compte, jour par jour, de ses opérations, de ses recettes, de ses dettes et de ses créances. Le tout était consigné, au fur et à mesure, sur une sorte de cahier brouillard nommé *adversaria*, qui était dépouillé tous les mois ; le résultat de ce dépouillement était reporté sur un registre nommé *codex* ou *tabulæ* qui seul faisait preuve en justice. Les diverses inscriptions portées sur le *codex* ne servaient, en général, que de moyens de preuve. Cependant, il y avait certaines formules, qui, écrites sur ce registre, donnaient naissance par elles-mêmes à des obligations qui n'avaient ainsi d'autre cause que l'écriture. Il y avait contrat *litteris*, lorsque deux citoyens s'étant accordés, l'un à tenir une certaine somme pour pesée et donnée, et l'autre à tenir

---

(1) Gaïus. C. III, § 128 et s.
(2) Inst. de litt. oblig.

la même somme pour pesée et reçue, avaient, en vertu de cet accord, fait l'inscription sur les *tabulæ* en la formule consacrée. Alors, de même que les paroles de la stipulation donnaient naissance à une obligation verbale, de même l'inscription faite sur le *codex* donnait naissance à une obligation littérale, sans qu'il y eût besoin d'autre cause que l'écriture elle-même. Les inscriptions qui ne servaient que de moyens de preuve, portaient le nom de *nomina arcaria* ; celles qui constituaient des contrats *litteris* étaient appelées *nomina transcriptitia* ; le contrat littéral lui-même était désigné sous le nom *d'expensilation*.

22. L'expensilation opère novation de deux manières différentes, suivant qu'elle est faite *a re in personam* ou *a persona in personam*.

1° Expensilation *a re in personam*. Ce que tu me dois pour cause d'achat, de louage, de société, ou pour toute autre cause, je le porte, par ton ordre, sur mon registre, à ta charge, comme *expensum* ; par cette inscription faite en la forme consacrée (forme qui ne nous a pas été conservée), ton ancienne obligation est éteinte, et remplacée par une nouvelle obligation formée *litteris*.

2° Expensilation *a persona in personam*. Ce que Titius me doit, je le porte par ton ordre à ta charge, sur mon registre, comme *expensum*, Titius t'ayant délégué à moi comme débiteur à sa place, de telle sorte que l'engagement de Titius est éteint et remplacé par celui que tu as contracté *litteris* (1).

---

(1) Gaïus. C. III, § 128 et s. Il est assez remarquable que Gaïus ne dise pas, en traitant des modes d'extinction des obligations, que la novation pouvait quelquefois revêtir la forme de l'expensilation, aussi bien

23. Plusieurs différences doivent être signalées entre le contrat verbal et le contrat littéral :

1° Le contrat verbal ne peut se former qu'entre personnes présentes ; le contrat littéral peut avoir lieu entre absents (1) ; 2° dans le contrat verbal, des paroles doivent indispensablement être prononcées par les deux parties ; dans le contrat littéral, l'inscription du *nomen* sur le registre du débiteur n'est pas une condition essentielle à la formation du contrat (2) ; 8° la stipulation peut s'appliquer à toutes sortes d'engagements ; l'expensilation est demeurée exclusivement applicable aux obligations de sommes d'argent ; 4° le droit de figurer dans une stipulation fut accordé aux étrangers ; l'expensilation *a re in personam* resta toujours réservée aux seuls citoyens romains (3) ; 5° la stipulation peut être faite sous condition ; l'expensilation ne peut pas être affectée de cette modalité (4).

24. Les registres domestiques n'étaient déjà plus sous Néron destinés à relater toutes les opérations des

que la forme de la stipulation. Ne serait-on pas en droit de conclure de là que l'expensilation n'opérait pas novation, mais avait seulement pour effet de donner au créancier le choix entre son ancienne action et la *condictio* dérivée du contrat *litteris* ? Ce point est assez douteux. Du reste, l'absence presque complète de textes relatifs aux contrats *litteris* ne permet guère d'avoir une opinion bien arrêtée sur cette question. Nous croyons pourtant devoir nous en tenir à l'opinion la plus générale, et considérer l'expensilation comme ayant pour résultat d'opérer novation La communauté d'origine, que paraissent avoir eu l'expensilation et la stipulation, nous porte à admettre cette communauté d'effets.

(1) Gaïus. C. III, § 138.

(2) Cicero, Pro Q. Roscio. 3, 4. Il y pourtant discussion sur ce point.

(3) Gaïus, C. III, § 133.

(4) Fr. Vat., § 329.

citoyens romains (1). On continua cependant à les tenir pour y consigner les *nomina transcriptitia*, puisque
Gaïus mentionne ces *nomina* comme existant encore à
son époque ; mais ceux-ci finirent bientôt eux-mêmes
par tomber en désuétude ; ceux qui les conservèrent
le plus longtemps furent les *argentarii*; sous Justinien,
l'institution a complètement disparu.

§ 2. Chirographa et syngraphæ.

25. Les *chirographa* et les *syngraphæ* étaient des
formes d'obligations littérales permises aux étrangers ;
Asconius nous indique entre le *chirographum* et les *syngraphæ* cette différence que la première dénomination
s'appliquait à l'écrit émané seulement de la main de
la personne obligée, et la seconde aux écrits signés des
diverses parties et remis en exemplaires différents à
chacune d'elles (2). Suivant une opinion assez généralement reçue chez les écrivains allemands, ces écrits
ne seraient que des *instrumenta*, que des moyens de
preuve du fait obligatoire ; mais la manière dont s'exprime Gaïus au sujet de ces écrits nous paraît démen-
tir ce système (3). Les *chirographa* et les *syngraphæ*
ont été imaginés, selon nous, pour mettre l'obligation
littérale à la portée des étrangers. La novation pouvait
donc résulter de ces écrits, tout aussi bien que des
nomina transcriptitia.

(1) Asconius, in Verr. II, 1. § 23.
(2) Asconius, in Verr. II, 1. § 36.
(3) Gaius. C. III, § 134.

SECTION III.

De la novation par la *dictio dotis*.

26. La *dictio dotis* était un mode particulier d'engagement verbal que l'on pouvait employer pour se constituer débiteur d'une dot, au lieu de recourir aux formalités de la stipulation. Les formes de cette *dictio* ne nous sont pas connues ; mais, selon toute apparence, elles consistaient dans la déclaration en termes solennels de ce qu'on constituait en dot, sans qu'il y eût besoin d'interrogation préalable. Cette manière de s'obliger était du reste tout exceptionnelle ; car elle ne pouvait avoir pour objet qu'une dot, et de plus elle n'était permise qu'à la femme, à ses ascendants paternels, et aux débiteurs de la femme sur l'ordre de celle-ci (1). Cette forme particulière d'obligation dut commencer à disparaître lorsque Théodose et Valentinien rendirent obligatoire le simple pacte de constitution de dot (2). Elle avait complétement cessé d'être en usage au temps de Justinien.

27. La *dictio dotis* avait quelquefois pour but d'opérer une novation ; c'est seulement sous ce rapport que nous avons à la considérer.

Le cas le plus fréquent dans la pratique était celui où une femme voulait constituer en dot à son mari la créance qu'elle avait contre un tiers ; le débiteur, sur l'ordre de la femme, déclarait, dans les formes voulues, que, ce qu'il devait à la femme, il le paierait au

(1) Reg. Ulp., § 2, de dotibus.
(2) L. 6. C. de dotis promiss.

mari à titre de dot; et, par l'effet de cette déclaration, le débiteur se trouvait libéré *ipso jure* vis-à-vis
de la femme, et obligé envers le mari.

28. Les textes sur la *dictio dotis* sont fort rares; et
cela se comprend aisément; car, ce mode d'engagement n'existant plus sous Justinien, Tribonien et ses
collaborateurs ont partout substitué à l'expression *dotem dicere*, les mots *dotem promittere*. C'est ainsi
qu'au lieu de lire le texte suivant, comme il nous a été
rapporté: « *Quid dicemus, si.... mulier fundum jusserit doti* PROMITTERE *viro, vel nuptura ipsi, doti eum*
PROMISERIT » (1), il faut lire: « *Quid dicemus, si....
mulier fundum jusserit doti* DICERE *viro, vel nuptura
ipsi, doti eum* DIXERIT. » L'altération qu'a subie ce fragment est facile à démontrer; on sait en effet que la
dotis dictio produisait quelquefois le même résultat
que l'acceptilation; une femme créancière de son mari
pouvait libérer celui-ci de son obligation, en déclarant,
dans les formes de la *dotis dictio*, qu'elle lui laissait à
titre de dot le montant de sa créance (2). Or, cela étant
connu, l'explication du texte précédent va de soi, si
on le corrige ainsi que nous l'avons fait. Deux hypothèses sont prévues: 1° une femme est cocréancière
solidaire d'un fonds, et, sur son ordre, le débiteur
commun s'oblige, dans les formes de la *dotis dictio*, à
payer ce fonds à titre de dot au mari de cette femme;
2° une femme est cocréancière solidaire d'un fonds,
et comme elle doit se marier avec le débiteur commun,
elle s'oblige, dans les formes de la *dotis dictio*, à laisser

(1) D. 31. § 1, ff. de novat.
(2) L. 77, ff. de jure dotium.

ce fonds à son mari à titre de dot. Dans l'un et l'autre cas, suivant la décision de Vénuleïus, le débiteur est libéré *ipso jure* envers tous ses créanciers solidaires. Cette solution, qui n'offre rien que de très-simple avec notre correction, serait incompréhensible (dans la deuxième hypothèse), si l'on s'en tenait à la version de Tribonien. Il est clair en effet que, si la femme *promet* à son débiteur *par stipulation* ce que celui-ci lui doit, cette promesse ne peut que créer une nouvelle obligation, et non en éteindre une ancienne. On voit d'ailleurs, en comparant ce que Vénuleïus dit de la *promesse de dot* à ce que ce jurisconsulte vient de dire immédiatement auparavant de la *stipulation en général*, qu'il n'aurait fait qu'une répétition tout-à-fait oiseuse, s'il eût entendu parler d'une *promesse de dot par stipulation*.

CHAPITRE III.

De l'intention de nover.

29. A cet égard, il importe de distinguer deux époques; car Justinien, par sa *Constitution 8, au code, de novationibus,* est venu changer complétement les anciens principes de la matière. Nous étudierons donc successivement l'époque antérieure et l'époque postérieure à la promulgation de cette constitution.

Section I.

Epoque antérieure à la constitution de Justinien.

30. La forme seule ne suffit pas pour que la novation ait lieu, il faut en outre que les parties aient *l'ani-*

mus novandi (1). Du reste, cette intention de nover n'a pas besoin, avant Justinien, d'être formellement exprimée; il y a là une question d'interprétation de volonté laissée à l'arbitrage du juge; car il peut arriver que la stipulation soit faite dans un tout autre but que celui d'opérer novation, par exemple :

1° Dans le but de créer une nouvelle obligation principale complétement indépendante de la première (2) ;

2° Dans le but de créer une obligation qui soit solidaire avec la première (3) ;

(1) L. 2; 6 pr., §§ 2 et 5; 28 et 32, ff. de novat.

(2) 28, ff. de novat.

(3) L. 8, § 5, ff. de novat.—L. 3, pr. ff. de duob. reis. On distingue à Rome deux sortes d'obligations solidaires, l'obligation *corréale*, et l'obligation *in solidum;* on se fera une idée saisissable, matérialisée en quelque sorte, de ces deux espèces d'obligations, en se représentant l'obligation *corréale* sous la figure d'*un lien unique* qui tient enchaînés *ensemble* tous les débiteurs, et dont la puissance permet de contraindre l'un quelconque d'entre eux au paiement de la dette entière ; on se représentera au contraire l'obligation *in solidum*, sous la figure de *plusieurs liens* identiques, dont chacun tient enchaîné *séparément* un des débiteurs solidaires et est assez puissant pour permettre de contraindre ce débiteur au paiement de toute la dette. Cette manière d'envisager les choses rend raison des principales différences qui existent entre l'obligation corréale et l'obligation *in solidum*. 1° Pourquoi, dans le cas d'obligation corréale, la *litis contestatio* avec l'un des débiteurs libère-t-elle tous les autres (L. 31, § 1, ff. de novat. L. 2, ff. de duob reis), tandis que, dans le cas d'obligation *in solidum,* les débiteurs restent obligés jusqu'à ce que le créancier soit désintéressé? (L. 3 et 4, ff. de his qui effud.: L 5. § 15, ff. Commod.; L. 1, § 43, ff. Depositi; L. 21, § 1 De adm. et peric. tut.). La raison en est que, dans le premier cas, c'est un lien unique qui tient enchaînés tous les débiteurs, et que, par suite, le créancier ne peut se servir de ce lien contre un des débiteurs, sans libérer les autres ; dans le second cas, au contraire, les liens étant multiples, le créancier peut agir contre un des débiteurs sans cesser de tenir les autres enchaînés. On comprend d'ailleurs que le paiement fait par un des débiteurs *in solidum* doive libérer ses codébiteurs; car tous ces liens tendent au paiement de la même chose; la chose

3° Dans le but de créer une obligation accessoire, qui, loin d'éteindre la première, doive au contraire en garantir l'exécution (1);

4° Dans le but de créer une obligation pénale, c'est-à-dire subordonnée à la condition du non accomplissement de la première (2);

5° Dans le but de créer une obligation unique née

étant une fois payée, l'obligation de chacun est éteinte faute d'objet; 2° Pourquoi le débiteur corréal qui paie la dette commune n'a-t-il pas de recours contre ses codébiteurs (L. 62, pr. ff. Ad leg. Falc.; L. 31, § 1, ff. de novat), tandis que ce recours existe, du moins en principe, entre codébiteurs *in solidum*? (L. 30, ff. de neg. gest.; L. 1, § 13 ff. de tut. et rat.). C'est que, le lien étant unique dans le premier cas, le débiteur corréal fait sa propre affaire en payant la dette commune, tandis que le débiteur *in solidum* paraît faire, outre sa propre affaire, celle de ses codébiteurs, puisqu'il les libère de liens distincts de celui qui l'enchaînait lui-même.

Cela admis, quand nous disons que les parties ont peut-être, en stipulant, l'intention de créer une obligation qui soit solidaire avec la première, de quelle sorte d'obligation solidaire parlons-nous? Il est facile de voir que cela ne doit s'entendre que de l'obligation : *in solidum*. Et en effet, il est clair qu'il ne peut y avoir doute sur l'intention des parties qu'autant que la première obligation était déjà formée lorsque la stipulation est intervenue. Or, pour donner naissance à une obligation *corréale*, il faut nécessairement que toutes les interrogations soient faites d'abord, et que les réponses ne viennent qu'ensuite. (Inst. pr. de duob. reis). «L'important, dit Ducaurroy (n° 971), est de ne pas intercaler les questions et les réponses. » Cette manière de procéder est d'ailleurs la seule qui rende raison de *l'unité de lien* qui en doit être la suite; des interrogations et des réponses qui s'entre-croisent ne peuvent donner lieu qu'à *des liens multiples.*

A l'appui de notre opinion, nous pouvons invoquer la loi 8, § 5 ff, *de novat.* qui, supposant que la stipulation a été faite dans le but de créer une obligation solidaire, porte : «*altero solvente, alter liberatur*». Puisque c'est le *paiement* fait par un des deux débiteurs, et non la *litis contestatio* intervenue contre lui, qui libère l'autre débiteur, il s'agit donc bien dans cette loi d'une obligation *in solidum*, et non d'une obligation *corréale.* La loi 3, *pr. ff. de duob. reis* s'occupe aussi, selon nous, d'un cas d'obligation *in solidum.*

(1) Gaïus. C. III, § 116. L. 20, § 1, ff. de in rem verso.

(2) L. 28, ff. de act. et empt et vend.

de la stipulation, comme dans le cas où la numération d'espèces et la stipulation ont lieu *ex continenti;* alors il n'y a pas deux obligations successives dont l'une aurait pour cause la numération, et dont l'autre, née de la stipulation, aurait pour effet de nover la première; mais il n'y a, si telle est l'intention des parties, qu'une seule obligation née de la stipulation; la numération est considérée comme ayant seulement pour but de donner une cause réelle à l'obligation verbale (1).

31. Les jurisconsultes romains posent diverses présomptions relatives à l'intention des parties; ces présomptions sont tirées, pour la plupart, de la nature de l'objet stipulé ou des termes de la stipulation.

C'est ainsi que la stipulation *judicatum solvi* n'est pas présumée faite avec intention de nover l'action *judicati*, mais bien dans le but d'obliger des fidéjusseurs (2).

Les paroles de la stipulation révèlent quelquefois assez clairement l'intention des parties. Ainsi cette stipulation : « *Quanto minus a Titio debitore exegissem, tantum fidejubes?* » est certainement incompatible avec l'intention de nover; aussi Ulpien décide-t-il qu'il y a alors fidéjussion et non novation (3). — De même une stipulation faite dans ces termes : « *Si ea ita facta non essent, decem dari spondes* » constitue

(1) L. 6, § 1, et L. 7, ff de novat.; L. 126, § 2, ff. de verb. oblig.

(2) L. 8, § 3, ff, de novat.

(3) L. 6, pr. ff. de novat. Cette loi nous offre un exemple de cette fidéjussion que les commentateurs appellent *fidejussio indemnitatis*, et qui n'est, à proprement parler, qu'une obligation conditionnelle ordinaire.

sans difficulté une stipulation pénale ; si donc la condition de cette stipulation vient à s'accomplir, c'est-à-dire si la première obligation n'est pas exécutée, il n'y aura pas novation ; mais le stipulant restera maître de poursuivre son débiteur en vertu de la première obligation, ou d'exiger de lui la peine stipulée (1). Cependant un autre texte (du même jurisconsulte) paraît contredire ce qui précède, en décidant, dans une espèce tout à fait semblable, que la première obligation est *quasi-novée*. Ce texte concerne la stipulation d'un *facere* et est ainsi conçu : « *Sed si navem fieri stipulatus sum, et si non feceris, centum ; videndum utrum duæ stipulationes sint, pura et conditionalis, et existens sequentis conditio non tollat priorem ; an vero transferat in se, et* QUASI NOVATIO *prioris fiat? Quod magis verum est* (2). » Je stipule que vous me construirez un navire, avec la clause qu'à défaut de le faire, vous me paierez cent. Y a-t-il là deux stipulations, l'une pure et simple, l'autre conditionnelle ? Ou bien n'y a-t-il qu'une stipulation, de telle sorte que la condition à laquelle est subordonnée l'obligation de payer cent étant arrivée, la première stipulation, celle de construire le vaisseau, soit *quasi-novée* ? C'est pour cette *quasi-novation* que se prononce le jurisconsulte Paul. Comment concilier ce texte avec la loi 71 *pr. ff. pro socio* ? Voici, selon nous, l'explication de cette difficulté. Du temps de Paul, la stipulation dont il s'agit dans la loi 44, ayant pour objet un *facere (navem fieri)*, par conséquent un *incertum*, était de nul effet,

(1) L. 71, pr, ff. pro socio,
(2) L. 44, § 6, ff. de oblig. et act.

parce que selon le strict droit des stipulations, rien ne devait, en cas de condamnation, être laissé à l'arbitrage du juge (1). Toutefois, il y avait un moyen de rendre valable la stipulation d'un *facere*, c'était l'emploi de la cause pénale qui, en cas de non exécution, renfermait un *certum*, une *certa pecunia*. Or, c'est là précisément ce que Paul a voulu dire ; cette loi signifie que « la clause pénale transformait une stipulation non valable en obligation valable de payer la peine. » Dans le droit en vigueur sous Justinien, les principes sur la stipulation d'un *facere* s'étaient élargis, et une pareille stipulation était devenue valable par elle-même, bien que, à cause de l'appréciation des dommages et intérêts, on conseillât encore d'y ajouter la clause pénale ; la loi 44 nous paraît donc avoir été insérée au Digeste par mégarde, comme un fragment d'une jurisprudence surannée (2).

32. Mais l'intention des parties n'était pas toujours manifestée d'une manière aussi claire, et malheureusement les présomptions que les jurisconsultes romains invoquaient à cet égard étaient souvent fort peu justifiées. La constitution de Justinien prouve avec quelle facilité on présumait *l'animus novandi*, lorsqu'elle porte que dorénavant il ne sera plus nécessaire d'ajou-

---

(1) L. 68, ff. de verb. oblig.

(2) Selon Pothier (*ad Pand. tit. de novat. n° XXI*), les parties auraient eu, dans un cas, l'intention de nover, et ne l'auraient pas eu dans l'autre. Cette explication est divinatoire. — Selon Voët (*ad Pand. tit. de novat, n° 4.*), la loi 44 signifierait que le créancier ne peut demander à la fois la peine et l'objet du premier contrat ; et que, s'il demande d'abord la peine, il pourra, si la peine est inférieure à l'intérêt du contrat, obtenir la différence en vertu de la première action. C'est une erreur. Voët applique à la stipulation une règle spéciale aux contrats de bonne foi.

ter, dans les écrits destinés à prouver les stipulations, les mots *sine novatione*, mais que ces mots seront plutôt sous-entendus de droit.

33. En énumérant les buts principaux que les parties peuvent se proposer en stipulant, lorsqu'elles n'ont pas l'intention de nover, nous n'avons pas mentionné le but qui consisterait à *modifier* simplement la première obligation, par l'addition ou la suppression d'un terme ou d'une condition, *sans pour cela vouloir opérer novation*. C'est une chose fort commune en droit français, de voir un créancier accorder par exemple un terme à son débiteur, sans nover en même temps sa créance, et par suite sans perdre les avantages particuliers que cette créance lui procurait. Or un point qui nous a frappé, c'est qu'aucun des textes du droit romain, qui posent des présomptions relatives à l'intention des parties, ne prévoit cette hypothèse. L'intention de nover est toujours mise en opposition avec *l'intention de créer une seconde obligation, principale ou accessoire, qui coexiste avec la première;* mais aucune *loi*, à notre connaissance du moins, n'oppose l'intention de nover à *l'intention de modifier la première obligation sans l'éteindre*. Ne doit-on pas conclure de là qu'*il était impossible de changer, par une stipulation postérieure, les modalités d'une obligation déjà née, sans nover en même temps cette obligation?* Nous sommes assez porté à le croire. Autrement, on ne s'expliquerait pas le silence des textes à ce sujet. Il est facile d'ailleurs de se rendre raison de cette impossibilité. Il est en effet de l'essence de la stipulation de donner naissance à une obligation, ou de constituer une reconnaissance d'une obligation an-

térieure. Or, lorsque je promets à terme ou sous condition ce que je devais purement, il est évident que je
ne me borne pas à reconnaître l'existence de mon ancienne dette, puisque la stipulation change quelque
chose à l'ancienne obligation; la stipulation doit donc,
dans l'espèce, créer une obligation nouvelle, et cette
obligation nouvelle ne peut que *se substituer à l'ancienne* ou *coexister avec elle*. Entre ces deux cas, pas
de terme moyen. On ne peut scinder la stipulation, et
la considérer comme se composant, en premier lieu,
d'une stipulation pure et simple constituant une simple
reconnaissance de la première obligation, et, en second
lieu, d'un terme ou d'une condition venant seulement
modifier cette première obligation. Car les modalités
sont *une partie intégrante* de la stipulation; la promesse de la chose, et le terme ou la condition qui affecte cette promesse, ne forment qu'*un tout indivisible*.
De là l'impossibilité de changer les modalités d'une
obligation déjà née, sans nover l'obligation elle-même.

34. Ainsi, quand nous disons qu'avant Justinien, il
y a novation, *si les parties ont stipulé avec intention
de nover*, il faut entendre cette règle en ce sens qu'il
y a novation, *si les parties ont eu la volonté de ne pas
créer une seconde obligation coexistant avec la première* : car si l'on reconnaît que les parties n'ont pas
voulu créer une seconde obligation qui existât simultanément avec la première, la stipulation doit *nécessairement* opérer novation, *malgré l'intention des
parties, même formellement exprimée de* MODIFIER
simplement le premier lien, SANS L'ANÉANTIR.

Section II.

Epoque postérieure à la constitution de Justinien.

35. Quelle est la portée du changement introduit par la constitution de Justinien dans les anciens principes sur l'*animus novandi* (1) ?

Sur cette question, trois systèmes sont en présence:

36. PREMIER SYSTÈME. Dans l'ancien droit romain, l'*animus novandi* n'était jamais nécessaire, la novation résultait de la forme même de la stipulation; elle avait lieu *lege*. Justinien n'a voulu qu'une seule chose , à savoir que les parties eussent l'intention de nover, cette intention pouvant d'ailleurs s'induire des circonstances et se prouver par tous les moyens possibles. C'est en ce sens qu'il faut entendre cette phrase de sa constitution : « *Et generaliter definimus voluntate solum esse, non lege novandum.* » Dans ce système, les expressions *si hoc agatur ut novetur, si novationis causa hoc fiat*, et autres semblables que l'on rencontre dans une foule de textes, ne sont que des interpolations de Tribonien qui s'est efforcé de mettre les lois du Digeste en harmonie avec la constitution de Justinien.

Mais ce système ne peut se soutenir en présence du texte suivant des Institutes : « *Sed cum hoc inter veteres constabat , tunc fierit novationem cum novandi animo in secundam obligationem itum fuerat; per hoc autem dubium erat , quando novandi animo videretur hoc fieri.....* »

37. DEUXIÈME SYSTÈME. On reconnaît qu'avant Jus-

____

(1) L. 8. C. de novat.

tinien l'intention de nover était nécessaire ; mais on refuse d'admettre que Justinien ait exigé la mention *expresse* de cette intention. Pour comprendre la constitution de cet empereur, dit-on dans ce système (1), il faut considérer que rien n'est plus fréquent que des conventions par lesuqelles les parties dérogent à des conventions précédentes, soit en exigeant une caution, des hypothèques, soit en stipulant un terme, etc. Lorsque les parties apportent de telles modifications à leurs engagements, il doit souvent exister du doute sur la portée de ces modifications. L'innovation n'est-elle que modificative ou bien est-elle une véritable novation, une novation privative ? Telle est la question qui a dû se présenter constamment avant la constitution de Justinien. De là, des décisions de jurisconsultes et des décrets impériaux, qui, rendus pour des cas spéciaux, ont été invoqués comme ayant l'autorité de la loi, et comme applicables au moins dans les cas où les contractants n'avaient pas clairement manifesté leur intention. Cette autorité légale, attribuée à des décisions rendues pour des cas particuliers, était abusive, et c'est à cet abus que Justinien a voulu remédier en prescrivant que la question de savoir s'il y avait novation serait résolue, non *ex lege*, c'est-à-dire non d'après ces diverses décisions portées dans des hypothèses spéciales, mais *ex voluntate*, c'est-à-dire d'après l'intention des parties. Justinien n'a donc pas songé à demander une mention expresse de l'intention de nover ; il n'a eu pour but que de défendre aux magistrats de présumer la novation, tant que les parties

(1) Molitor. Oblig., t. III, n° 1037.

ne prouveraient pas qu'elles ont eu effectivement l'intention de nover.

Mais le texte des Institutes et celui de la constitution nous paraissent trop positifs pour permettre d'adopter ce système. Voyez en effet comment s'exprime Justinien dans ses Institutes : « *Ideo nostra processit constitutio, quæ apertissime definivit tunc solum novationes fieri, quotiens hoc ipsum inter contrahentes* EXPRESSUM *fuerit* QUOD PROPTER NOVATIONEM PRIORIS OBLIGATIONIS CONVENERINT. » La constitution n'est pas moins formelle : « ... *Sancimus..... nihil penitus prioris cautelæ innovari, sed anteriora stare, ĕt posteriora incrementum illis accedere, nisi ipsi* SPECIALITER REMISERINT QUIDEM PRIOREM OBLIGATIONEM, ET HOC EXPRÉSSERINT, QUOD SECUNDUM MAGIS PRO ANTERIORIBUS ELEGERINT. »

38. TROISIÈME SYSTÈME. D'après ce troisième système, qui nous paraît seul conforme aux textes des Institutes et du Code, Justinien a dérogé par sa constitution au principe *eadem vis est taciti atque expressi*, et a voulu que dorénavant il n'y eût plus novation si les parties ne déclaraient *expressément* leur intention à cet égard.

39. Justinien est peut-être allé trop loin dans son innovation. Au lieu d'exiger une mention expresse de l'intention de nover, il eût mieux fait d'abroger simplement les anciennes présomptions posées à ce sujet, et de défendre en même temps aux juges d'en admettre à l'avenir de nouvelles. Mais il faut convenir du moins que sa constitution fut un progrès vers l'abolition de l'ancien formalisme romain. Car elle eut pour conséquence de donner dans tous les cas effet à l'intention des parties (pourvu que cette intention fût formelle-

ment exprimée dans la stipulation), tandis qu'avant cette constitution la forme de la novation s'opposait souvent à ce que la volonté des parties reçût son exécution.

40. C'est ainsi qu'un créancier put, depuis la constitution de Justinien, stipuler de nouveau de son débiteur ce qui lui était dû, dans le seul but de *modifier* sa première obligation par l'addition ou la suppression d'un terme ou d'une condition (1), tandis qu'auparavant il ne pouvait de cette manière qu'acquérir une obligation nouvelle coexistant avec l'ancienne, ou anéantir sa première obligation par l'effet d'une novation. L'effet *purement modificatif* d'une pareille stipulation fut même posé en règle générale puisque, à défaut de déclaration expresse de l'*animus novandi*, le premier lien devait subsister, les modifications postérieures venant simplement y accéder : « *Anteriora stare et posteriora incrementum illis accedere* (2).»

CHAPITRE IV.

Des obligations qui sont l'objet de la novation.

41. Puisque la novation consiste dans la substitution d'une nouvelle dette à une précédente, il est clair que, dans toute novation, il doit y avoir deux obligations, savoir : 1° une première obligation destinée à être no-

---

(1) *Si quis..... vel conditionem seu tempus addiderit vel detraxerit.*

(2) Ainsi, à partir de la constitution de Justinien, la novation ne résulta plus jamais de la forme même de la stipulation ; mais dans tous les cas, la volonté de nover fut nécessaire. *Et generaliter definimus voluntate solùm esse, non lege novandum.*

vée ; 2° une seconde obligation destinée à prendre la place de la première.

SECTION I.

De l'obligation qui doit être novée.

42. Si l'obligation que les parties veulent nover n'existe pas, ou est nulle *ipso jure*, il est évident qu'il ne saurait y avoir novation, substitution d'une dette à une autre.

43. Mais il y a lieu de se demander quel sera, dans ce cas, l'effet de la stipulation faite *animo novandi*. Cette stipulation sera-t-elle nulle *ipso jure*, ou donnera-t-elle naissance à une obligation valable au point de vue du droit civil, et passible seulement d'une exception? Les textes à cet égard paraissent se contredire. D'une part, nous voyons que si la première obligation est conditionnelle, la stipulation faite dans le but de la nover est elle-même conditionnelle, en sorte que, la condition venant à défaillir, la stipulation se trouve être nulle *ipso jure* (1). Or cela ne peut s'expliquer qu'autant qu'on admet que l'inexistence de la première obligation entraîne comme conséquence la nullité radicale de la stipulation. D'autre part, des textes positifs prouvent que, la première obligation n'existant pas, la stipulation est seulement nulle *exceptionis ope* (2).

Notre système de conciliation est le suivant: lorsque l'obligation destinée à être novée n'existe pas,

______

(1) L. 8, § 1, et l. 14, §. 1 ff. de novat.
(2) L. 7, pr. et § 1, ff. de doli mali et met. L. 2, § 4, ff. de donat.

celle qui doit la remplacer est tantôt nulle *ipso jure*, tantôt passible seulement d'une exception ; cela dépend des paroles de la stipulation. Si le créancier a, dans son interrogation, exprimé la relation qui existe entre l'objet stipulé et l'obligation destinée à être éteinte par novation ; s'il a, par exemple, stipulé en ces termes : « *Id quod mihi debet Titius spondes ne mihi dare?* » alors, la nullité de la première obligation entraîne comme conséquence la nullité *ipso jure* de la stipulation ; car le promettant s'est seulement obligé, dans l'espèce, à payer « ce que doit Titius ; » si donc Titius ne doit rien, la promesse du nouveau débiteur est nulle faute d'objet. Mais si l'on suppose au contraire que les paroles de la stipulation n'expriment pas quel rapport il y a entre la chose promise et la première obligation ; si, par exemple, croyant que Titius vous doit dix, je m'oblige à vous payer « dix, » sans exprimer que ce sont « les mêmes dix qui vous sont dus par Titius, » alors, mon obligation sera valable *ipso jure*, et passible seulement d'une exception (1).

---

(1) Et qu'on ne dise pas que si la première obligation n'existe pas, la seconde doit, dans tous les cas, être nulle *faute de cause*, quels que soient les termes employés dans la stipulation ; car ce serait faire une étrange confusion entre les principes du droit romain et ceux du droit français. A Rome, la cause productrice de l'obligation, dans le contrat verbal, ce sont *les paroles mêmes*. Il n'y a pas à s'inquiéter de savoir à quelle occasion et pour quel motif le promettant a fait sa promesse; si quelque fait antérieur, ou quelque intention de libéralité, ou quelque engagement pris envers lui, motive et justifie rationnellement l'obligation qu'il a contractée. Les paroles ont été prononcées, la promesse a été faite : donc l'obligation existe ; et c'est par le contenu des paroles qu'il faut la juger et la déterminer. Tel est le strict droit civil des Romains; c'est la forme, ce sont les *verba* qui constituent *la cause juridique* de l'obligation. (V. M. Ortolan, Instituts, *de inut. stip.* § 27.

44. Toute obligation est susceptible d'être novée. Peu importe qu'elle soit civile, prétorienne ou naturelle (1), — qu'elle résulte d'un contrat ou comme d'un contrat, d'un délit ou comme d'un délit (2); — qu'elle soit formée *re, verbis, litteris* ou *consensu* (3); — qu'elle tende à une dation, à un fait, ou à une prestation ;—qu'elle soit pure et simple ou à terme (4). En un mot il suffit qu'elle existe (5).

45. Mais *quid* d'une obligation *conditionelle*? Une obligation conditionnelle n'a d'existence qu'autant que la condition à laquelle elle est subordonnée vient à se réaliser; si cette condition ne s'accomplit pas, l'obligation est réputée n'avoir jamais existé. Il ne suffit même pas que la condition s'accomplisse; il faut encore qu'il y ait à cette époque une personne qui puisse être obli-

(1) L. 1, § 1, ff. de novat.

(2) L. 4, ff. de transact. L. 18, § 1, ff. de acceptil.

(3) L. 1, § 1 et 2, ff. de novat.

(4) L. 5 et 8, § 1, ff. de novat.

(5) Parmi les modes d'extinction *ipso jure*, les uns sont d'une application générale, c'est-à-dire peuvent éteindre une obligation quelconque, qu'il s'agisse d'une obligation née d'un contrat ou comme d'un contrat, d'un délit ou comme d'un délit; et, si l'obligation dérive d'un contrat, qu'il s'agisse d'un contrat réel, verbal, littéral ou consensuel. Les autres, au contraire, sont d'une application restreinte, et ne peuvent éteindre que telle ou telle nature d'obligation. La novation appartient à la première de ces deux catégories. Il ne faut donc pas poser comme une règle générale, ce principe qu'*une obligation doit se dissoudre par un mode analogue à celui qui a servi à la former.* Ce principe n'est vrai que pour les modes d'extinction qui ne procurent pas satisfaction au créancier. C'est avec cette limitation qu'il faut entendre ce que dit Ulpien, l. 35, ff. *de reg. juris* : « *Nihil tam naturale est quam eo genere quidquid dissolvere, quo colligatum est.* » Il ne faut donc pas expliquer ce texte en ce sens. « Le mode de dissolution d'une obligation *ne peut être d'un autre genre que son* mode de formation », car ce serait complètement faux; tout ce qu'on peut en conclure, c'est que « parmi les modes de dissolution d'une obligation, il y en a toujours un du même genre que son mode de formation. »

gée et une chose qui puisse être l'objet de l'obligation. De là il résulte que si l'on fait une stipulation dans le but de nover une première obligation conditionnelle, cette stipulation sera elle-même conditionnelle. Pour que la novation ait lieu, il faudra donc : 1° que la condition de la première obligation s'accomplisse (1); 2° qu'à ce moment, le premier débiteur et le promettant (si ce sont deux personnes distinctes) soient l'un et l'autre capables d'être obligés (2); 3° que l'objet promis n'ait pas péri, ou plus généralement qu'il soit encore susceptible d'être l'objet d'une obligation (3). C'est là ce qu'on exprime, quand on dit que la novation d'une obligation conditionnelle est elle-même conditionnelle (4).

46. Une obligation *future* n'étant en réalité qu'une obligation conditionnelle, il faut lui appliquer ce que nous venons de dire de celle-ci. Si donc on stipule ainsi de Seius : « *Quod à Titio stipulatus fuero dare spondes?* » et qu'ensuite on stipule de Titius, cette seconde stipulation accomplissant la condition de la première, il y aura novation (5).

(1) L. 8, § 1, et l. 14, § 1, ff. de novat.

(2) L. 14, § 1, in fine, ff. de novat. Marcellus nous dit dans cette loi, que si le promettant est déporté *pendente conditione*, la novation n'a pas lieu, malgré l'accomplissement de la condition, parce qu'à ce moment il n'y a plus de personne qui puisse être obligée. La décision de Marcellus nous prouve que le déporté cesse d'être tenu, même naturellement, des dettes par lui contractées avant la déportation. (L. 47, ff. de fidej. Vide tamen L. 19, ff. de duob. reis.

(3) L. 8, pr. in fine, ff. de peric. et comm. rei vend. L. 5, C. de peric et comm. rei vend.

(4) L. 14, § 1, et l. 8, § 1, ff. de novat. — Si la condition se réalise utilement, on peut remarquer que la première obligation naît et s'éteint dans un seul et même moment.

(5) L. 8, § 2, ff. de novat.

47. Rien n'empêche que plusieurs obligations ne soient novées par une seule stipulation. Ainsi je puis fort bien stipuler en ces termes : « Ce que Titius et Seius me doivent, promets-tu de me le donner? » Et il importe peu que les obligations de Titius et de Seius aient une même cause ou des causes différentes (1). Peu importe même qu'on se serve dans la stipulation de la particule conjonctive *et*, ou de la particule disjonctive *ou*, pourvu que les parties aient l'intention de nover les deux obligations ; car les parties pourraient aussi avoir l'intention de donner au promettant le droit de libérer à son choix ou Titius, ou Seius ; la forme de la stipulation indiquera le plus souvent la véritable intention des parties (2).

48. On ne peut nover que les obligations, les droits *in personam* ; cependant la formule de l'acceptilation aquilienne semble indiquer que le droit de propriété peut être transformé en une obligation naissant d'une stipulation, laquelle sera ensuite éteinte par acceptilation (3). Voici comment cela doit être entendu. L'action réelle aboutissait à une condamnation pécuniaire, lorsque la restitution de l'objet litigieux était impossible de la part du défendeur, ou lorsque, cette restitution étant possible, et le défendeur la refusant, le

____

(1) L. 34, § 1, ff. de novat.

(2) Comparez L. 32, ff. de *novat.* avec L. 8, § 1, et l. 26, ff. eod. tit. Remarquez que, dans ces dernières lois, l'alternative est nettement marquée : «*Decem quæ Titius debet, aut decem quæ Seïus debet.*» Quod ille *aut quod ille debeat.*» Tandis que dans l'espèce de la loi 32 les parties ne se sont servies que d'un seul verbe : «*Quod te aut Seïum dare oportet.*» Notez aussi cette circonstance qu'ici c'est précisément l'un des deux débiteurs originaires qui se porte promettant.

(3) Inst. § 2, quib. mod. toll. obl. — L. 4, ff. de transact.

demandeur consentait à recevoir la valeur de la chose revendiquée. Dans l'un et l'autre cas, par conséquent, la sentence à prononcer par le juge devait avoir pour objet l'obligation de payer une somme d'argent. Or c'est cette obligation éventuelle, pouvant résulter d'un litige relatif à la propriété, qui était l'objet de la novation (1). « Dans toute action, dit M. Ortolan, même dans les actions réelles, il y a, à vrai dire, et en les analysant subtilement, lien juridique d'une personne à une autre. »

SECTION II.

De l'obligation qui doit prendre la place de la première.

49. Pour qu'il y ait novation, il faut évidemment que la stipulation faite *animo novandi* donne naissance à une obligation. Si cette stipulation est nulle *ipso jure*, la première obligation continue d'exister (2).

50. Mais il importe peu que cette obligation soit civile ou simplement naturelle (3).

(1) Etienne. Institutes, t. II, p. 246.

(2) L. 3. C. de contrah. stipul.—Lorsque Justinien dit dans ses Institutes : «*Licet posterior stipulatio inutilis sit, tamen prima novationis jure tollitur,* » il n'entend pas parler d'une stipulation complètement nulle, mais d'une stipulation donnant naissance à une obligation naturelle, comme la suite du texte le fait voir. On sait d'ailleurs qu'une obligation naturelle. n'est appelée *obligation* que *per abusionem*, puisque, par définition, l'obligation proprement dite doit produire une action.

(3) L. 1, § 1, in fine, ff. de novat. Ulpien cite comme exemple d'obligation naturelle l'obligation verbale contractée par un pupille *sine tutoris auctoritate*. Une foule de textes reconnaissent en effet, dans ce cas, l'existence d'une obligation naturelle. Voir L. 95, § 2, ff. de solut.;— L. 127, ff. de verb. oblig.; L. 42, pr. ff. de jurej.; L. 21, pr. ff. ad leg. falcid.; L. 3, § 4, ff. de neg. gestis. Mais deux lois paraissent contredire cette opinion : L. 41, ff. de condict. indeb., et L. 59, ff. de oblig. et act. Une foule de systèmes ont été proposés pour concilier ces divers

51. On peut nover une obligation pure et simple par une obligation à terme ou *vice versâ* (1).

Mais peut-on nover une obligation pure et simple par une obligation conditionnelle ?

Tant que la condition est en suspens, l'existence de la stipulation est incertaine, l'extinction de la première obligation est donc soumise à la même incertitude : « *Non statim fit novatio, sed tunc demum cum conditio extiterit.* » (2). Si donc la condition fait défaut, la première obligation subsiste (3).

Servius Sulpicius était d'un avis différent ; il n'admettait pas que la novation restât ainsi en suspens jusqu'à l'arrivée de la condition et voulait au contraire qu'elle eût lieu au moment même de la stipulation conditionnelle, en sorte que les parties auraient pu, d'après ce jurisconsulte, échanger un droit certain contre

textes. Voici les deux principaux :—*Premier systeme.* Le pupille n'est obligé naturellement que dans le cas où il s'enrichit. (Cujas ad Papin. L. 95, § 2). Mais cette opinion ne se soutient pas en présence des lois 25, §, 1, *ff. quando dies leg.* et 3 § 4, *ff. de neg. gestis.* — *Deuxième système.* Il y a obligation naturelle à l'égard des tiers, et non à l'égard du pupille. Mais on oppose à ce système les *lois* 21, *pr. ff. ad leg. falci.* et 3, § 4, *ff. de neg. gestis.* Pour nous, nous croyons que ces textes sont inconciliables. L'opinion des jurisconsultes romains, qui considéraient le pupille comme obligé naturellement, nous paraît avoir été un progrès de la jurisprudence amené par la constitution d'Antonin. Du moment que ce prince eut déclaré que le pupille serait civilement obligé jusqu'à concurrence de son enrichissement, il fut conséquent d'admettre, pour obéir à ce mouvement imprimé en avant, que le pupille non enrichi serait obligé naturellement.

(1) L. 5 et 8, § 1, ff. de novat.

(2) L. 14, pr. et 8, § 1, ff. de novat.

(3) Ce qui caractérise la *condition*, c'est l'incertitude ; si donc la stipulation n'est conditionnelle qu'en apparence, parce que l'évènement auquel les parties l'ont subordonnée doit nécessairement arriver, la novation sera immédiate : « *Qui sub conditione stipulatur, quæ omnimodo extatura est, pure videtur stipulari.* (L, 9, § 1, ff. de novat.).

une simple espérance. Mais Gaïus nous apprend que cet avis n'avait pas prévalu (1).

L'autre opinion paraît en effet plus conforme aux principes rigoureux du droit, mais en revanche elle conduit à un résultat qui souvent sera complètement contraire à l'intention des parties. Supposons en effet que la stipulation faite *novandi animo* ne diffère de la première obligation que par l'addition de la condition. Si cette condition se réalise, la novation aura lieu, et le créancier pourra demander à son débiteur l'objet stipulé. Si la condition ne s'accomplit pas, il n'y aura pas novation et le débiteur devra encore la même chose en vertu de la première obligation. Or il est clair qu'en stipulant conditionnellement ce qui était dû d'abord purement, les parties ont entendu faire quelque chose de nouveau. Aussi Gaïus était-il assez porté à accorder au débiteur l'exception de dol ou de pacte, dans le cas où le créancier voudrait le poursuivre en vertu de la première obligation, après que la condition aurait fait défaut : « *Et videtur inter eos id actum ut ita ea res peteretur, si posterioris stipulationis extiterit conditio.* » Mais on ne saurait sous-entendre la remise dont parle Gaius, si la seconde promesse était faite par un nouveau débiteur ou par le même débiteur à un nouveau créancier ou bien si l'objet de cette promesse n'était pas le même que l'objet de la première obligation ; car dans ces différents cas, l'intention des parties serait certainement de n'éteindre la première obligation qu'en considération de la seconde. Aussi Gaïus ne permet-il au débiteur de

(1) Gaius. C. III, § 179.

repousser le créancier par une exception que lorsque tout se passe entre les mêmes personnes. Il n'hésite pas au contraire à lui refuser l'exception de dol ou de pacte, si la promesse conditionnelle a été faite par un nouveau débiteur (1).

52. Il ne suffit pas, pour que la novation se produise, que la condition s'accomplisse ; il faut encore qu'elle s'accomplisse *utilement*, ce qui n'aurait pas lieu si la chose promise avait péri, sans la faute du débiteur, avant l'arrivée de la condition (2), ou si, à ce moment, il n'y avait plus de personne susceptible d'être obligée (3).

53. Mais la mort du débiteur, survenue dans l'intervalle écoulé entre la stipulation et l'arrivée de la condition n'empêcherait pas la novation de se produire, quoiqu'il n'y eût pas encore adition d'hérédité, au moment où la condition s'est réalisée. *Hic enim morte promissoris non extinguitur stipulatio, sed transit ad heredem cujus personam interim hereditas sustinet* (4).

---

(1) L. 30, § 2, ff. de pactis.

(2) *Quia non subest res eo tempore, quo conditio impletur* (l. 14, pr. ff. de novat.

(3) Si *pendente conditione*, le débiteur avait subi la *maxima* ou la *média capitis deminutio*.

(4) L. 24, ff. de novat. — Au lieu de *ad heredem cujus....*, la vulgate porte *ad heredem ejus cujus......*, ce qui change complètement le sens de la phrase. D'après la première version, l'hérédité est réputée représenter la personne de l'héritier; tandis que, d'après la seconde, l'hérédité serait censée représenter la personne du défunt. Voir dans le premier sens, L. 54, ff. de adquir. vel amitt. hered.— Et dans le second sens, L. 31, § 1, ff. de hered. inst, L. 116, § 3, ff. de leg. 1° L. 34, ff de acquir. rer. dom. Inst., § 2, de hered. inst. Nous croyons qu'en règle générale l'hérédité jacente représentait la personne du défunt, et non celle de l'héritier futur ; mais qu'on admettait, par exception, le principe contraire, afin de donner effet à la stipulation faite pour l'héritier futur par l'esclave

54. Lors même que la stipulation conditionnelle n'opère pas novation (parce que la condition ne se réalise pas utilement), cette stipulation n'en a pas moins pour effet *irrévocable* de purger la demeure du débiteur originaire. Car le créancier qui a le droit de demander son remboursement et qui se contente d'une nouvelle promesse de son débiteur, cesse par là même de considérer ce débiteur comme étant en retard ; il est donc censé lui faire remise de sa demeure. Aussi la stipulation soit pure et simple, soit conditionnelle, est-elle assimilée généralement par les jurisconsultes romains à une offre de paiement non acceptée par le créancier (1).

55. Mais il est clair que si le créancier déclare expressément son intention de ne pas purger la demeure de son débiteur, sa volonté doit être suivie ; car une présomption d'intention ne peut jamais l'emporter sur une intention contraire formellement exprimée.

56. Cette intention de ne pas purger la demeure peut même s'induire des circonstances. Ainsi lorsqu'au moment où la stipulation intervient, le débiteur n'a pas la chose due sous sa main (l'objet de la dette est par exemple un esclave qui s'est enfui depuis la mise en demeure), Marcellus pense que la stipulation ne doit pas alors être considérée comme équivalente à une offre de paiement non acceptée, puisque dans ce cas

---

d'une hérédité jacente. Voir Inst., pr. de stip. serv : «*Hereditas* IN PLE-RISQUE *personæ defuncti vicem sustinet.* » Remarquez aussi que la loi 54, ff. de adquir hered. et la loi 116, § 3, ff. de leg. 1ᵉ qui paraissent se contredire, sont tirées du même jurisconsulte (Florentinus). Du reste, la solution de cette question est complètement indifférente à notre matière.

(1) L. 72, § 1, ff. de solut.

l'offre n'est pas possible; et il décide en conséquence que cette stipulation ne purge pas la demeure du débiteur (1). Papinien, il est vrai, est d'un autre avis; peu lui importe que l'offre ait été possible ou non au moment de la stipulation : *nec me movet præsens homo fuerit necne.* Du moment en effet que le créancier veut bien se contenter de la nouvelle promesse de son débiteur, il n'y a nulle raison de ne pas considérer la demeure de celui-ci comme purgée (2).

57. Ajoutons enfin que deux jurisconsultes, Julien et Vénuléïus, considéraient la *stipulation conditionnelle* comme insuffisante pour opérer une purge de la demeure (3).

58. La question de savoir si une stipulation conditionnelle faite *animo novandi* a purgé ou non la demeure du débiteur, n'est pas sans importance au point de vue de la novation. Car le principal effet de la demeure est de mettre la chose due aux risques du débiteur, ce qui signifie que, la chose venant à périr après la mise en demeure, le débiteur n'en restera pas moins obligé comme si la chose existait encore (4). Or, supposons que la stipulation conditionnelle n'ait pas purgé la demeure du débiteur, et que la chose due soit venue à périr par cas fortuit *pendente conditione.* La condition pourra-t-elle encore se réaliser utilement? Oui, sans aucun doute puisque, par l'effet de la demeure

(1) L. 72, § 3, ff. de solut.
(2) L. 17, ff. de condict. furt.
(3) L. 56, § 8, ff. de verb. oblig. L. 31, pr. de novat.
(4) L. 82, § 1, ff. de verb. oblig. Les textes emploient souvent pour désigner cet effet de la demeure la formule *obligatio fit perpetua,* que Mühlenbrück a tort de rapporter à la prescription de l'action. La demeure du débiteur ne rend pas l'action du créancier perpétuelle.

du débiteur, la chose est toujours censée exister (1) ; il y aura donc novation. Si l'on se place au contraire dans l'opinion de ceux qui accordent à la stipulation conditionnelle, aussi bien qu'à la stipulation pure et simple, le pouvoir de purger la demeure du débiteur, on arrive à une conclusion opposée ; la chose due n'existant plus au moment où la condition s'accomplit, la novation ne peut pas s'opérer.

(1) A l'égard du débiteur en demeure, bien entendu ; car à l'égard de tout autre personne, il y a réellement perte de la chose. Si donc la stipulation conditionnelle est faite avec un nouveau débiteur, la perte de la chose survenue *pendente conditione*, empêchera la novation de s'opérer, même dans l'opinion de ceux qui considèrent la demeure du premier débiteur comme non purgée par cette stipulation. (L. 56, § 8, ff. de verb. oblig.). On a proposé plusieurs autres interprétations de cette loi 56. Voici les deux principales : — *Première explication*. Il ne s'agit pas dans cette loi de stipulation faite avec intention de nover ; le jurisconsulte suppose tout simplement que deux débiteurs sont tenus envers le même créancier au paiement de la même chose ; l'une de ces obligations est pure et simple, l'autre est conditionnelle. Elles sont d'ailleurs complètement indépendantes l'une de l'autre ; le débiteur pur et simple est mis en demeure, et la chose périt ensuite. Julien décide qu'alors le débiteur pur et simple reste obligé, tandis que le débiteur conditionnel est libéré. — Mais nous ne pouvons admettre que Julien ait pris la peine d'expliquer une chose aussi évidente ; c'est lui faire dire une naïveté par trop grande. De plus, le texte porte que « la chose venant à périr, le créancier peut aussitôt (*confestim*) poursuivre le débiteur en demeure. » Ne résulte-t-il pas de là qu'avant la perte de la chose, le créancier ne pouvait exercer aucune poursuite ? Or, cette impossibilité de poursuivre un débiteur mis en demeure est incompréhensible, si l'on adopte l'explication précédente. Enfin, à quoi bon supposer que la seconde stipulation est conditionnelle, si elle n'est pas faite *novandi animo ?* Remarquez d'ailleurs que dans le § précédent; il est question de novation.—*Deuxième explication*. Cujas et Pothier reconnaissent bien qu'il s'agit d'une stipulation faite avec intention de nover ; mais ils croient que la demeure du premier débiteur a commencé *depuis cette stipulation. (Pothier ad Pand., tit. de novat., n° VII, note C.).* — Nous ne pouvons admettre que le créancier puisse, après la stipulation conditionnelle, mettre son ancien débiteur en demeure par une interpellation ; car ce débiteur se trouve, par l'effet de cette stipulation, obligé lui-même conditionnellement ; le créancier qui le poursuivrait serait donc repoussé, convaincu de plus-pétition. (Inst. § 33 de act. L. 60, § 1, ff. de cond. indeb.).

59. On peut, à l'aide de ces principes, se rendre raison de l'antinomie qui existe entre la loi 31 *pr. de novat.* d'une part, et les lois 14 *pr. de novat.* et 72 § 1 *de solut.* d'autre part. Voici l'espèce : je vous dois purement l'esclave Stichus et je suis en demeure de vous le payer ; vous stipulez de moi le même esclave, sous une certaine condition, et avec intention de nover. Stichus meurt *pendente conditione*, et la condition se réalise ensuite; il y a novation selon Vénuléïus (1); mais Ulpien et Marcellus sont d'un avis contraire (2). Cette contradiction s'explique, selon nous, par la divergence d'opinion qui existait entre ces jurisconsultes au sujet de l'effet d'une stipulation conditionnelle pour purger la demeure du débiteur. Toutes les tentatives que l'on a faites jusqu'à présent pour concilier ces deux textes ne nous paraissent pas avoir abouti à un résultat satisfaisant (3).

(1) L, 31, pr., ff. de novat.
(2) L. 14, pr. ff de novat. L. 72, § 1, ff. de solut.
(3) Voici les principaux systèmes de conciliation qui ont été proposés.
Premier système : Selon Pothier (*ad Pand. tit. de nov.*, n° VII.), la loi 31 se réfère à l'hypothèse spéciale où la chose due n'était pas en la possession du débiteur, au moment de la stipulation. Mais ces mots : *Nisi si per promissorem steterit quominus daret*, ne signifient pas, comme l'a cru sans doute Pothier : *à moins qu'il n'eût été impossible au débiteur de livrer la chose, parce qu'il ne l'avait pas en sa possession;* nous les expliquons plus naturellement ainsi : *à moins que le promettant n'ait été en demeure de donner la chose.*

Deuxième système. Voët pense que le mot *novatio* ne doit pas être pris ici dans son sens technique. En disant que la première obligation est novée, Vénulïeus aurait simplement voulu exprimer cette idée que la demeure a été purgée. — Nous ne pouvons admettre une interprétation qui dénature ainsi le sens des mots.

Troisième système. Plusieurs auteurs admettent bien, comme nous, qu'il y a entre les textes cités une antinomie réelle ; mais ils expliquent autrement cette antonomie. Suivant eux, Venuléïus aurait raisonné ainsi :

CHAPITRE V.

Des personnes qui peuvent nover.

60. Nous nous occuperons successivement des personnes qui ont le droit de nover, et de celles qui ont l'exercice de ce droit.

SECTION I.

Des personnes qui ont le droit de nover.

61. Deux rôles sont à considérer dans la novation, celui du stipulant et celui du promettant. Dans la délégation, on trouve un troisième rôle ; outre le délégataire, qui est le stipulant, et le délégué qui est le promettant, il y a, en effet, le déléguant qui ne figure pas dans le contrat verbal, mais qui participe à un simple contrat consensuel, en donnant le mandat dont la stipulation n'est que l'exécution. Il faudra appliquer à ce mandant tout ce que nons dirons du stipulant,

« C'est un principe que la perte de la chose survenue après la purge de la demeure ne libère le débiteur qu'*exceptionis ope*, si ce débiteur est tenu d'une obligation *stricti juris* ; or, une obligation qni n'est éteinte qu'*exceptionis ope* est susceptible d'être novée ; si donc le débiteur a été mis en demeure avant la stipulation, la novation doit s'opérer malgré la perte de la chose due. » — Si le principe sur lequel est basé ce raisonnement était vrai, on ne comprendrait plus la solution de Marcellus et d'Ulpien, celle de Vénuleïus serait seule soutenable. Mais nous n'hésitons pas à déclarer ce principe complétement faux, quoique nous trouvions Pothier parmi ses défenseurs (ad Pand. tit. de usuris, n° LXVII). La loi 72 *pr. de solut* sur laquelle on l'appuie s'explique facilement, si l'on observe qu'il s'agit, dans l'espèce, non d'une dette de *species*, mais d'une dette de *quantité*, or *genera non pereunt*.. Voir d'ailleurs L. 73, § 2, et l. 105 de *de verb. oblig.*

soit relativement au droit de nover, soit relativement à l'exercice de ce droit.

§ 1. Du rôle de stipulant.

62. Celui qui joue dans la novation le rôle de stipulant s'attribue le bénéfice de l'obligation ; or, il est clair que celui qui a dans son patrimoine un droit de créance, ne peut pas plus en être dépossédé malgré lui que de tout autre bien (1). Ainsi le droit de nover une créance n'appartient, en principe, qu'au créancier.

63. *L'adstipulateur* étant, à l'égard du promettant, un véritable créancier par stipulation, a le droit de nover l'obligation, aussi bien que le stipulant principal ; mais comme, à l'égard de celui-ci, il n'est qu'un mandataire, il sera tenu par l'action de mandat de lui rendre compte de son fait (2).

64. Un *correus stipulandi* a-t-il le droit de faire novation ? Le doute ne paraît guère possible sur cette question ; chaque *correus* acquiert en effet en stipulant le même droit que s'il stipulait seul, sauf cette différence qu'il risque de perdre le bénéfice de l'obligation par le fait de son cocréancier (3). Ainsi, il peut demander le paiement de toute la dette, et même libérer le débiteur commun par acceptilation ; il peut donc aussi faire novation. C'est, en effet, ce que décide Vénuleïus dans la loi 31 *de novationibus*. Mais Paul semble soutenir l'opinion contraire dans la loi 27 *de*

(1) L.8, § 5, ff. *de novat. Non tamen, si quis stipuletur quod mihi debetur, aufert mihi actionem, nisi ex voluntate mea stipuletur.*

(2) L'adstipulateur n'existait plus au temps de Justinien.

(3) L. 31, § 1, ff. *de novat. Excepto eo.... Pothier, lit : recepto eo.* Cette correction nous semble complètement inutile.

pactis, « ....*nam nec novare alium posse (ex argen-
tariis sociis), quamvis ei recte solvatur, ...Idemque
in duobus reis stipulandi dicendum est.* » Il nous semble qu'on peut faire disparaître toute contradiction
entre ces deux textes, en rapportant les derniers mots
de la loi 27 *de pactis*, non pas à ce qui est dit immédiatement auparavant, mais à la décision que le jurisconsulte donne quelques lignes plus haut, relativement
au pacte *de non petendo*. Le sens sera : « un *argenta-
rius socius* ne peut faire un pacte *de non petendo* opposable à ses coassociés, et il faut en dire autant d'un
correus stipulandi (1).

65. Le droit de faire novation appartient encore à
ceux qui en ont été investis par le créancier.

Rentrent dans cette classe :

1° *Celui qui a reçu un mandat spécial à l'effet de
nover* (2) ;

2° *Le procurator omnium bonorum* (3) ;

3° *Le procurator in rem suam*, puisqu'il n'a de
comptes à rendre à personne ;

(1) Voët (*ad Pand. de duob. reis*, n° 5), Pothier (*ad Pand. de pactis*,
n° XLV, note *c*.) — Dans un autre système, on distingue si les *correi
stipulandi* sont *socii* ou *non socii*, mais la société que peuvent contracter entre eux les créanciers solidaires ne change pas les droits de
chacun *à l'égard du débiteur commun*. — D'autres enfin considèrent les
deux lois comme inconciliables.

(1) Pauli sent. de novat. *in fine*. Il faut en outre se rappeler le principe
ratihabitio mandato æquiparatur. (L. 22, ff. de novat.; L. 60, ff. de
reg. juris).

(3) L. 20, § 1. ff. de novat. L. 58, ff. de procurat. Il y aurait contradiction entre ces deux textes si l'on considérait la *libera administratio*
comme renfermant des pouvoirs plus étendus que l'administration simple.
Mais cette distinction vulgaire nous paraît devoir être rejetée ; elle repose
comme l'a démontré Donneau, sur une fausse interprétation de la loi 9,
§ 1, ff. de acq. rer. dom. Voir dans le même sens Vinnius. (*Select. Quest.*
caput IX), et Molitor (*Oblig.*, t. II, n° 725).

4° *Le fils de famille et l'esclave, à qui l'adminis-tration d'un pécule a été confiée.* Le père de famille leur a donné par là le pouvoir de nover les créances qui font partie de ce pécule. Toutefois, il y avait con-troverse sur ce point (1). La discussion ne pouvait du reste s'élever qu'au sujet des créances comprises dans le pécule; il est clair, en effet, que le fils de famille et l'esclave n'ont pas le droit de nover les autres créances du père de famille (2).

66. Enfin, certains administrateurs puisent dans la loi elle-même le pouvoir de nover les créances qui font partie des biens confiés à leurs soins. Nous voulons parler du tuteur d'un pupille (3), et du curateur d'un furieux et d'un prodigue (4). Mais il faut remarquer que ce droit de faire novation leur est accordé seule-ment dans l'intérêt de l'incapable dont ils gèrent le patrimoine (*ad utilitatem pupulli, si hoc pupillo ex-pediat, si hoc furioso vel prodigo expediat*) (5).

67. Le droit de recevoir le paiement d'une créance

(1) Comparez l 34 pr. ff. de novat , et l. 46, ff de novat. Voir aussi l. 20 et 21, ff. de jurej. — Pothier suppose que la loi 34 de novat. a été écrite dans l'hypothèse d'une administration *cum libera.* — La Glose explique ces mots *citra voluntatem domini*, dans la loi 16 de novat., comme s'il y avait *contra voluntatem domini* ou *invito domino.*

(2) L. 25, ff. de novat.; L. 27, pr., ff. de pactis.

(3) L. 20, § 1, ff. de novat.; L. 22, ff. de adm. et peric. tut.

(4) L. 34, § 1, ff. de novat.

(5) A Rome, le tuteur n'était pas, comme chez nous, un *représentant* du pupille, pouvant l'obliger par ses promesses, et le rendre créancier par ses stipulations ; les principes du droit romain s'opposaient à ce que le tuteur pût agir autrement qu'*en son propre nom* (Ducaurroy, t. II, n° 1098); aussi devenait-il *lui-même* créancier, lorsqu'il figurait dans une novation en qualité de stipulant ; il y avait alors une véritable *délégation légale,* dans laquelle il jouait le rôle de délégataire, et son pupille celui de déléguant.

— 53 —

emporte en général celui d'en faire novation ; car l'un
et l'autre droit supposent ordinairement le pouvoir de
disposer de l'obligation. De là ce principe romain *cui
recte solvitur, is etiam novare potest* (1).

Cette règle souffre pourtant quelques exceptions. Ainsi
l'adjectus solutionis gratia peut recevoir le paiement de
la créance, et n'a pourtant pas le droit de la nover (2).
Il en est de même de celui qui a reçu un mandat spécial
à l'effet de toucher le montant de l'obligation (3). Enfin
nous en dirons autant du fils de famille et de l'esclave,
en ce qui concerne les créances du père de famille qui
ne font pas partie de leurs pécules(4).

68. Lorsqu'une personne, qui n'a pas le droit de
nover une créance, fait néanmoins une stipulation *novandi animo*, cette stipulation n'opère pas novation,
ce qui signifie qu'elle n'éteint pas la première obligation ; mais elle n'en donne pas moins naissance à une
seconde obligation parfaitement valable au point de
vue du droit civil. Seulement le promettant pourra
repousser, au moyen d'une exception de dol, l'action
du créancier (l. 16 ff. de novat.)

§ 2. Du rôle de promettant.

69. De même que toute personne peut libérer un
débiteur, en payant au créancier le montant de l'obligation, de même toute personne peut, même malgré
le débiteur, libérer celui-ci, en s'obligeant à sa place.
Naturalis enim simul et civilis ratio suasit alienam

(1) L. 10, ff. de novat.
(2) L. 10, ff. de novat.
(3) L. 4. C. de novat.
(4) L. 23 et 25, ff. de novat.; L. 27, ff. de pactis.

*conditionem meliorem quidem etiam ignorantis et in-
viti nos facere posse , deteriorem non posse* (1). Mais
il y a cette différence entre le paiement et la novation,
qu'un tiers peut libérer le débiteur en acquittant son
obligation même malgré le créancier, tandis qu'il ne
peut pas contraindre celui-ci à accepter sa promesse
en remplacement de son ancienne obligation.

SECTION II.

Des personnes qui ont l'exercice du droit de nover, ou de la capacité
pour nover.

70. Nous devons encore ici distinguer le rôle de
stipulant et celui de promettant.

§ 4. Du rôle de stipulant.

71. Les personnes incapables de nover leurs créances sont le pupille non habilité par son tuteur (2), le
prodigue interdit et le mineur de vingt-cinq ans, lors-

______

(1) L. 39, ff. de neg. gest. L 8, § 5, ff. de novat. *Liberat autem me is qui quod debeo promittit, etiam si nolim.* Cette possibilité de
se passer du consentement du débiteur offre même aux créanciers un
moyen de remettre leurs dettes aux débiteurs qui s'y refusent. « *Si debitor
tuus non vult a te liberari, et præsens est, non potest invitus a te solvi,* »
avait dit Labéon. Paul indique un moyen d'éluder la difficulté : « *suppo-
nendo a quo debitum novandi causa stipuleris* »; seulement, lorsque les
choses se passent de la sorte, et que l'*expromissio* n'a lieu que pour fa-
ciliter une libéralité, il ne faut pas que le créancier, revenant sur ses
intentions généreuses, puisse agir contre l'*expromissor*. Aussi le texte
ajoute-t-il : « *Quod etiam si acceptum non feceris, tamen statim; quod
ad te attinet, res peribit, nam et petentem te doli mali prescriptio exclu-
det* » (l. 91, ff. de solut.).

(2) L. 20, § 4, ff. de novat.

que leurs curateurs ne consentent pas à la novation (1). Mais la novation dans laquelle une de ces personnes joue le rôle de stipulant, n'est nulle qu'autant que la condition de l'incapable ne s'en trouve pas améliorée (2).

72. Quand on dit que la novation faite par un incapable est nulle, cela doit s'entendre simplement en ce sens que la première obligation n'est pas éteinte, car la stipulation n'est pas nulle pour autant; elle donne naissance au contraire à une obligation qui coexistera avec l'ancienne; seulement, le droit prétorien viendra corriger l'injustice qu'il y aurait à donner effet en même temps à deux obligations qui, dans l'intention des parties, ne devaient pas exister simultanément. Si la première obligation est *bonæ fidei*, le juge saisi de l'action ne devra condamner le débiteur à payer le montant de cette obligation, qu'autant que ce débiteur aura d'abord été libéré de la seconde par acceptilation (3). Si la première obligation est *stricti juris*, le débiteur poursuivi devra avoir soin de faire insérer dans la formule de l'action une exception de dol, afin de donner au juge le pouvoir de prendre en considération les circonstances d'équité et de bonne foi qui s'opposent à sa condamnation.

§ 2. Du rôle de promettant.

73. Toute personne peut, quelle que soit sa capacité personnelle, éteindre par sa promesse ou sa propre

(1) L. 3, ff. de novat.; L. 7, § 2, ff. de min. XXV annis; L. 3. C. de in integr. rest.
(2) L. 3, ff. de novat.
(3) L. 9, pr. ff. de novat.

dette, ou la dette d'autrui; car il suffit, pour qu'il y ait novation, que l'obligation nouvelle soit valable naturellement (1). D'ailleurs le créancier, qui se contente de la promesse d'un incapable, ne doit s'en prendre qu'à lui-même, si la novation lui cause un préjudice. *Qui cum alio contrahit, vel est, vel debet esse non ignorus conditionis ejus* (2).

74. La novation constitue quelquefois une *intercession* de la part de celui qui s'oblige; or le S. C. Velleïen a défendu aux femmes d'intercéder pour autrui. Si donc une femme s'oblige à la place d'un premier débiteur avec intention de le libérer, et qu'il y ait dans sa promesse une intercession, elle pourra repousser l'action du créancier par l'exception du sénatus-consulte. Mais une action rescissoire sera accordée au créancier contre son ancien débiteur (3). Ainsi la femme doit être considérée réellement incapable de jouer dans la novation le rôle de promettante, toutes les fois que sa promesse renferme une intercession.

75. Pour qu'il y ait intercession, il faut que les quatre conditions suivantes soient remplies. Il faut: 1° que celui qui intervient se soumette à une obligation; 2° qu'en s'obligeant, il se charge de l'obligation d'un tiers; 3° qu'il se charge de l'obligation d'un tiers auprès d'un autre tiers; 4° qu'il se charge de cette obligation dans l'intérêt d'autrui et non dans son propre intérêt (4). On peut donc définir l'intercession:

---

(1) L. 1, § 1, ff. de novat.
(2) L. 19, pr., ff. de reg. juris.
(3) L. 16. C. ad S. C. Velleïanum.
(4) Ainsi, pas d'intercession : 1° lorsqu'on paie la dette d'autrui, ou qu'on délègue son débiteur; 2° lorsqu'on accepte une succession obérée; 3°

« tout acte par lequel on se charge de l'obligation d'autrui, auprès d'un tiers créancier, dans l'intérêt d'autrui. »

76. Voyons maintenant dans quels cas la novation peut renfermer une intercession, et tomber par conséquent sous l'application du S. C. Velléien, si c'est une femme qui joue le rôle d'*intercessor*.

Si la novation a lieu *inter easdem personas*, il n'y a pas d'intercession, puisque le promettant ne se charge pas de l'obligation d'autrui.

L'expromission constitue le plus souvent une intercession. Cependant si l'*expromissor* est débiteur de celui pour lequel il s'oblige, il n'y a pas d'intercession, puisqu'il peut, en vertu de la constitution de Marc-Aurèle, opposer la compensation à cet ancien débiteur; en s'obligeant pour autrui il fait sa propre affaire.

Enfin, la délégation constitue une intercession de la part du delégué, lorsque le délégué ne doit rien au déléguant (1). Si le délégué est débiteur du déléguant, il n'est pas *intercessor*, car il fait sa propre affaire (2). *Quid,* si le délégué est débiteur du deléguant, mais en vertu d'une première intercession ? Marcellus pensait que, dans ce cas encore, il n'y avait pas d'intercession. Mais ce fut l'avis contraire qui prévalut (3).

77. L'exception du S. C. Velléien peut quelquefois être opposée par d'autres personnes que par la femme.

lorsqu'on promet à autrui de payer ses dettes ; 4° lorsqu'on vient en justice se constituer défendeur pour celui qui, s'il était condamné personnellement, aurait un recours contre l'intervenant.

(1) Il en est ainsi, lors même que le délégātaire croit que le délégué est débiteur du déléguant (L. 17, pr., ff. ad. S. C. Vell.).

(2) L. 24, pr., ff. ad S. C. Vell.

(3) L. 8, § 3, ad S. C. Vell.; L. 19, ff. de novat.

Une femme a par exemple intercédé pour autrui ; puis
dans l'ignorance où elle était de l'exception qu'elle
pouvait opposer, elle a délégué un tiers à son créancier. Si ce tiers ne lui devait rien, il est assimilé à un
fidejussor, et peut, de même qu'un obligé accessoire,
invoquer l'exception qui protégeait la femme (1). On
donne souvent pour raison de cette décision que le
tiers délégué ayant une action de mandat contre la
femme, refuser à ce tiers le droit d'opposer l'exception,
ce serait en définitive faire retomber sur la femme les
conséquences de son intercession, contre le vœu du
sénatus-consulte. Si ce motif était le véritable, il faudrait en conclure que le fidéjusseur ne peut pas user de
ce bénéfice, lorsqu'il n'a pas de recours contre la
femme par l'action de mandat, par exemple lorsqu'il
est intervenu *animo donandi.* Telle était effectivement
l'opinion de Cassius ; mais Julien était d'un sentiment
contraire, et ce fut l'avis de Julien qui finit par triom-
pher. Le vrai motif de notre décision est donc celui
qu'en donne ce même Julien, lorsqu'il dit que « le
S. C. a improuvé l'obligation tout entière, c'est-à-
dire les accessoires aussi bien que le principal, et que
d'ailleurs on ne fait aucun tort au créancier en venant
au secours des obligés accessoires, puisqu'on rétablira
ensuite le créancier dans tous ses droits contre son
ancien débiteur (2). »

(1) L. 8, § 4, ff. ad S. C. Vell.
(2) L. 16, § 1, ff. ad S. C. Vell.

CHAPITRE VI.

Des effets de la novation.

78. Nous nous occuperons successivement : 1° des effets de la novation proprement dite ; 2° des effets de l'expromission ; 3° des effets de la délégation.

SECTION I.

Des effets de la novation proprement dite.

79. La novation a pour effet d'éteindre une première obligation et d'en créer une autre à sa place (1).

80. L'extinction de la première obligation entraîne comme conséquence l'extinction de tous les accessoires ; ainsi les gages, priviléges et hypothèques sont éteints (2) ; les fidéjusseurs sont libérés (3) ; les intérêts cessent de courir (4) ; la clause pénale ne peut plus être encourue (5), etc.

81. Mais les parties ne peuvent-elles pas du moins, par une convention spéciale, transporter sur la nouvelle dette les garanties de la première. Plusieurs textes positifs nous apprennent qu'un créancier peut valablement, en faisant novation, se réserver les hypothèques qui garantissaient sa première créance, et que, si d'autres hypothèques existent sur le même

---

(1) L. 1, pr., ff. de novat. — La nouvelle obligation étant verbale, le créancier pourra libérer son débiteur par acceptilation.

(2) L. 18 et l. 29, ff. de nov.

(3) L. 4. C. de fidej.

(4) L. 18, ff. de novat.

(5) L. 15, ff. de novat,

bien, il conservera de cette manière son rang primitif, parce qu'il est censé se succéder à lui-même (1). Est-ce à dire que ce sera l'ancienne hypothèque elle-même qui passera ainsi de la première obligation à la suivante? Nous ne le pensons pas ; car si une hypothèque était susceptible de survivre à l'extinction de l'obligation principale, pour se rattacher à une obligation nouvelle, le prêteur de deniers *qui succedit in locum creditoris* devrait aussi, après que la première obligation aurait été éteinte par paiement, être considéré comme ayant *la même hypothèque* qui appartenait à l'ancien créancier. Or c'est ce que dément d'une manière formelle la loi 2, au Digeste, *de pigneratitia actione*. Voici la traduction de cette loi : « Si un debiteur a vendu et livré la chose qu'il avait donnée en gage, qu'ensuite vous lui ayez prêté de l'argent, qu'il a employé à payer le créancier à qui il avait donné le gage, et que vous soyez convenu avec lui que la chose qu'il avait déjà vendue vous serait engagée, il est certain que cette convention est sans effet, *parce que vous avez reçu en gage la chose d'autrui.* Car, par cette opération, la chose s'est trouvée affranchie du droit de gage entre les mains de l'acheteur, et peu importe que ce soit par vos deniers que le gage ait été libéré. » Il est clair que si c'était *la même hypothèque* qui était transportée d'une dette à une autre, il importerait peu, pour que cette translation fût possible, que le bien hypothéqué appartînt ou non au débiteur, au moment où le prêteur de deniers a été subrogé aux droits du créancier. Et surtout, le jurisconsulte ne donnerait

______

(1) L. 3 pr. et 12, § 5, ff. qui potiores in pign.

pas pour raison de sa décision que ce débiteur a reçu en gage la chose d'autrui (*quia rem alienam pignori acceperis*). Il faut donc, selon nous, considérer le créancier qui se réserve une hypothèque, en faisant novation, comme *acquérant une hypothèque nouvelle*, qui a seulement, par une faveur de la loi, le même rang que l'hypothèque éteinte. De là nous concluons que cette réserve ne pourrait plus avoir lieu, si le débiteur avait cessé d'être propriétaire des choses hypothéquées à son créancier, ou si ces hypothèques avaient été données par un tiers (1).

SECTION II.

Des effets de l'expromission.

82. L'expromission a pour objet, comme la novation proprement dite, d'éteindre une obligation et d'en créer une autre à sa place.

83. Tout ce que nous avons dit, dans la section précédente, relativement aux accessoires de l'obligation éteinte, doit s'appliquer ici. Il se présente pourtant une question nouvelle, au sujet de l'hypothèque. Le créancier qui a une hypothèque sur un bien appartenant au premier débiteur, peut-il se la réserver, sans le concours de celui-ci, par un pacte avec l'*expromissor* ? En d'autres termes l'*expromissor* peut-il libérer le débiteur de l'obligation personnelle seulement, en le laissant tenu comme tiers détenteur ? Quelques au-

---

(1) On peut encore argumenter de la loi 4, C. de fidej. d'après laquelle les fidéjusseurs qui garantissaient l'ancienne obligation, ne peuvent malgré eux, être rattachés à la nouvelle.

teurs (1) ont cru trouver une réponse à cette question dans la loi 30 ff. *de novat* : « *Paulus respondit, si creditor a Sempronio novandi animo stipulatus esset, ita ut a prima obligatione in universum discederetur, rursum easdem res a posteriore debitore sine consensu prioris obligari non posse.* » Mais nous pensons que cette loi a un tout autre sens. Paul suppose que la première obligation a été éteinte *in universum*, sans réserve aucune, et il décide que le second débiteur ne peut de nouveau, *rursum*, hypothéquer les mêmes choses, sans le consentement de leur propriétaire, c'est-à-dire de l'ancien débiteur. Le jurisconsulte se borne ici à faire l'application d'un principe de droit commun, à savoir que le propriétaire seul peut hypothéquer sa chose (2). Ce texte doit donc être complétement écarté de la discussion. Hâtons-nous cependant d'ajouter que, si la loi invoquée par Pothier nous paraît être sans application dans l'espèce, nous n'en admettons pas moins l'opinion de cet auteur. Selon nous, la réserve en question est impossible, parce que les Romains voyaient dans cette réserve une constitution nouvelle d'hypothèque, et qu'il n'est pas permis d'établir une hypothèque sur un bien sans le consentement du propriétaire de ce bien (3).

84. Indépendamment du contrat verbal qui opère novation, on trouve dans l'*expromissio* un quasi-contrat de gestion d'affaires, qui a pour effet d'établir un rapport d'obligation entre l'ancien débiteur et l'*expromissor*.

---

(1) Pothier. Obl., t. II, n° 599.
(2) Bugnet sur Pothier (loc. cit. note 1).
(3) Argument de la loi 2., ff. de pignor. act., et de la loi 4, C. de fidej,

Si l'*exprom ssor* s'est obligé au su du premier dé-biteur, il est considéré comme son mandataire, et a contre lui une action *mandati contraria*, pour se faire indemniser de ce que lui a coûté l'exécution de son mandat ; mais alors il y a plutôt délégation qu'expro-mission. S'il a agi à l'insu de l'ancien débiteur, il a contre lui une action *negotiorum gestorum*. Enfin, s'il s'est obligé malgré la volonté de ce débiteur, il n'a aucune voie de recours, il est censé lui avoir fait une libéralité (1).

85. Si l'*expromissor* était débiteur de celui qu'il libère par sa promesse, il n'en reste pas moins tenu de son ancienne obligation ; mais, dans le cas où il acquiert contre son créancier une action *negotiorum gestorum*, il peut, en vertu de la constitution de Marc-Aurèle, lui opposer la compensation.

SECTION III.

Des effets de la délégation.

86. Dans la délégation, il y a trois contrats bien dis-tincts, savoir : un contrat verbal et deux contrats de mandats (n° 9).

§ 1. Effets du contrat verbal intervenu entre le délégué et le délégataire.

87. Le plus souvent la délégation a pour effet d'é-

---

(1) Dans l'ancien droit romain, il y avait controverse sur la question de savoir si celui qui a géré l'affaire d'autrui, *invito domino*, peut agir contre le *dominus* par l'action *negotiorum gestorum*. Proculus était pour l'affirmative ; mais Pomponius, Paul, Ulpien et Papinien lui refusaient toute action. (L. 62, § 2 ; Loi 40, et L. 53, ff. mandati). Justinien confirme cette dernière opinion par une de ces cinquante décisions. (L. 24. C. de neg. gest).

teindre deux obligations, savoir : celle qui existait, entre le délégué et le déléguant et celle qui existait entre le déléguant et le délégataire. Il peut se faire cependant que la délégation n'éteigne qu'une seule obligation, soit que le délégué ne doive rien au déléguant, soit que celui-ci ne doive rien au délégataire.

88. Dans tous les cas, les accessoires de l'obligation ou des obligations éteintes disparaîtront en même temps que le principal.

89. Puisque le délégataire acquiert contre le délégué une créance toute nouvelle, celui-ci ne peut lui opposer les exceptions qu'il avait contre le déléguant, à moins, bien entendu, que la nouvelle obligation ne soit atteinte du même vice que l'ancienne ; mais ce n'est jamais l'ancienne exception, ni l'ancien vice dont cette exception était la suite, qui, survivant à la créance du déléguant, est ensuite rattachée à celle du délégataire.

90. Cette règle reçoit sans difficulté son application, lorsque le délégué avait contre le déléguant, soit une exception de dol (1), soit l'exception du S. C. Macédonien (2), soit le bénéfice de compétence (3), soit

____

(1) L. 12, ff. de novat.

(2) L. 19, ff. de novat. — La loi 7, § 7, ff. de S. C. Maced. paraît contraire. Mais il ne s'agit pas dans cette dernière loi d'une stipulation faite *animo novandi ;* le prêt et la stipulation ne forment qu'un seul et même contrat ; celui qui compte les espèces est censé faire le prêt au nom du stipulant.

(3) L. 33, ff. de novat.; L. 33, § 3, ff. de donat.; L. 41, pr., ff. de re jud. Le bénéfice de compétence ne pourrait pas être opposé au délégataire, lors même que celui-ci serait créancier à titre gratuit du déléguant, et que le délégué s'obligerait pour faire donation à ce dernier ; car le délégataire ne serait toujours pas donataire du délégué (argument de la loi 33, § 3, ff. de donat.).

l'exception de la loi Cincia (1). Ces exceptions ne peuvent pas être opposées au délégataire, lors même que le délégué a ignoré, au moment de la délégation, qu'il avait un moyen de paralyser l'action du déléguant. Bien plus, le délégué, se croyant par erreur débiteur du déléguant, se serait laissé déléguer comme tel, qu'il ne pourrait encore repousser d'aucune manière l'action du délégataire (2).

Nous allons maintenant parcourir les différentes hypothèses dans lesquelles notre règle semble ne plus s'appliquer, et montrer que, dans chacun de ces cas, il y a une *cause nouvelle,* qui permet de repousser l'action du délégataire.

91. *Délégation animo donandi.* Titius, voulant faire une donation à Sempronius, lui délègue son débiteur Seus : si celui-ci ignore, au moment de la délégation, qu'il a une exception de dol contre le déléguant, il pourra encore l'opposer au délégataire (3). Mais il n'en faut pas conclure que ce soit *la même exception* qui passe ainsi de l'obligation éteinte à l'obligation nouvelle. Si le délégataire est passible d'une exception de dol, c'est parce qu'il y a dol *de sa part* à vouloir bénéficier de l'erreur du promettant (4) ; c'est un *dol nouveau, né dans la personne du délégataire,* qui

---

(1) L. 5, § 5, ff. de doli mali et met.

(2) L. 3, ff. de novat.

(3) Argument tiré de la comparaison de la loi 33, ff. de novat., avec les lois 2, § 3 et 4, ff. de donat., et les lois 7, pr. et § 1, ff. de doli mali et met.

(4) Inst., § 1, de except. L. 36, ff. de verb. oblig. — Cum enim quis petat ex ea stipulatione, hoc ipse dolo facit, quod petit.

donne lieu à l'exception. Il n'y a donc là aucune dérogation à notre règle (1).

92. *Exception du S. C. Velleïen.* Une femme qui s'est obligée pour autrui, contrairement à la disposition du S. C. Velleïen, se laisse déléguer par son créancier ; elle peut encore opposer au délégataire l'exception du sénatus-consulte. Mais pourquoi? c'est, nous dit Paul, parce qu'il y a *encore* intercession dans la seconde promesse : « *nam* ET *in secunda promissione intercessio est.* » (2)

93. *Restitutio in integrum.* Un mineur de vingt-cinq ans, qui pouvait obtenir contre son créancier la restitution *in integrum* pour cause de lésion, s'est laissé déléguer par lui. Aura-t-il encore le droit de se faire restituer à l'encontre du délégataire? Oui, si au moment de la délégation, il était encore mineur de vingt-cinq ans; non, dans le cas contraire (3). Cette distinction prouve bien que la nouvelle obligation n'hérite pas du vice de l'ancienne.

94. *Bénéfice de compétence* (4). On a vu des dérogations à notre règle dans les deux cas suivants :

Première espèce : Un tiers, voulant faire une donation à une femme, se laisse déléguer par elle à son mari, et s'engage à payer à celui-ci la dot que sa femme lui devait. Pourra-t-il opposer au mari l'exception *quatenus facere potest* ? Les jurisconsultes romains ne

---

(1) De là, il résulte que le délégué pourra opposer au délégataire l'exception de dol, même dans le cas où il avait contre le déléguant une tout autre exception, par exemple l'exception du S. C. Macédonien.

(2) L. 19, ff. de novat.

(3) L. 19, ff. de novat.

(4) Ce bénéfice a été établi par un rescrit d'Antonin. (L. 31, ff. de jure dot.)

soit pas d'accord sur cette question. Paul est d'avis que le tiers, n'étant pas donateur du mari, doit être condamné *in solidum*. Mais Ulpien soutient au contraire qu'il a le droit d'opposer au mari, comme il l'aurait pu faire à la femme, le bénéfice de compétence (1). Cette dernière opinion n'est-elle pas en contradiction avec notre règle ? Non ; car si Ulpien permet au donateur de la femme d'opposer au mari le bénéfice de compétence, c'est parce que le tiers lui paraît être réellement poursuivi *pour le compte de la femme dotaire*. Le mari n'obtiendra en effet la dot que pour la restituer à sa femme lors de la dissolution du mariage.

Deuxième espèce. Une femme divorcée se remarie ; le premier mari, qui peut user vis-à-vis d'elle du bénéfice de compétence, pour la restitution de la dot (2), promet cette dot au second mari ; il pourra encore opposer à l'action de celui-ci le bénéfice de compétence (3). En faut-il conclure que c'est le bénéfice atta-

---

(1) Comparez la loi 41, pr. ff. de re judic. et la loi 33, ff. de jure dotium. Cujas a essayé de concilier ces deux textes ; mais il n'y est arrivé qu'en altérant le second ; au lieu de « *Quemque in id quod facere potest, si convenisset, condemnaverat* », il lit : « *Quemque* MULIER *in id quod facere potest, si* IPSA EUM *convenisset, condemnaverat.*» Cujas (observ. 12, 17, t. III, p. 346). — Pothier (ad Pand. tit. soluto matrimonio, n° LXXI, note i). Mais outre que rien n'autorise de pareils changements, le texte de Paul nous semble démontrer que la question était controversée. Remarquez en effet qu'après avoir posé la question générale : *Si te donaturum mihi, delegavero creditori meo, an in solidum conveniendus sit ?* le jurisconsulte croit encore utile de se demander spécialement : *et quid de eo qui pro muliere, cui donare volebat, marito ejus dotem promiserit ?* La première question résolue, il restait donc encore du doute sur la seconde. Notez aussi ces expressions : *Maxime si constante matrimonio petat.*

(2) Inst., § 37, de act.

(3) L. 32, ff. soluto matrim.

ché à la première obligation, qui se trouve ainsi transporté à la seconde? Non; car le mari délégué ne jouirait pas du même bénéfice contre tout autre délégataire (1). C'est donc dans les rapports du délégué et du délégataire qu'il faut chercher la raison de cette faveur ; or, il est bien naturel que le second mari ait pour le premier les mêmes égards que la femme elle-même.

95 Il est donc bien constant, après tous les exemples que nous venons de citer, que le délégué ne peut jamais repousser l'action du délégataire , à l'aide de telle ou telle exception, par cela seul que cette exception était opposable au déléguant.

§ 2. Des effets du contrat de mandat intervenu entre le déléguant et le délégué.

96. Le délégué ne s'est obligé envers le délégataire , que par suite d'un mandat qu'il a reçu à cet effet du déléguant: il doit donc, comme tout autre mandataire, être indemnisé de ce que lui a coûté l'exécution de ce mandat.

97. Si le délégué était, comme cela arrive le plus souvent, débiteur du déléguant, il n'aura rien à réclamer, car l'extinction de sa propre dette lui tient lieu de toute indemnité.

98. S'il n'était pas débiteur du déléguant, ou s'il avait quelque moyen de paralyser l'action de celui-ci, il faut faire une distinction : le résultat n'est pas le même en effet, selon que le délégué a agi avec ou sans intention de libéralité envers le déléguant. Dans le premier cas, aucun recours ne lui est donné contre

(1) L. 3, pr., ff. de pec. const.

le déléguant, tandis que dans le second cas, il a contre lui, soit une action *mandati contraria*, soit une *condictio* (1); mais il ne peut agir concurremment par ces deux actions, puisqu'elles ont le même but; il doit opter entre elles. Tout dépend donc d'une question d'intention. Si le délégué a eu connaissance, au moment de la délégation, de l'exception qu'il pouvait opposer au déléguant, on présume chez lui l'*animus donandi* (2). Mais cette présomption ne nous paraît pas devoir être étendue au cas où le délégué s'est obligé envers le délégataire, sachant bien qu'il ne devait rien au déléguant. Dans ce cas, il peut encore se faire indemniser, en intentant l'action *mandati contraria*; mais il ne peut agir par la *condictio*.

§ 3. Des effets du contrat de mandat intervenu entre le déléguant et le délégataire.

69. Lorsque le délégataire accepte le mandat que lui donne le déléguant à l'effet de stipuler du délégué, il est censé reconnaître celui-ci pour bon et solvable, et se contenter de ce nouveau débiteur: *Bonum nomen facit creditor qui admittit debitorem delegatum* (3).

En consentant à ce changement de débiteur, le délégataire agit donc à ses risques et périls, et par conséquent le déléguant n'est en aucune façon garant de

___

(1) S'il a payé au délégataire la somme promise, il agira par une *condictio certi*, pour se faire restituer cette somme par le déléguant. S'il n'a pas encore payé, il agira par une *condictio incerti*, pour obtenir sa libération. L. 12, ff. de novat. L. 5, § 5, ff. de doli mali et met. L. 78, § 5, ff. de jure dot. L. 9, § 1, ff. de condict. causa data.

(2) L. 12, ff. de novat. *Similis videbitur ei qui donat.*

(3) L. 26, § 2, ff. mandati.

l'insolvabilité soit actuelle, soit future du délégué (1).

100. Mais ce principe cesse évidemment de s'appliquer, dans le cas où le délégataire n'accepte le mandat qu'*aux risques et périls du déléguant*, et aussi lorsque le déléguant emploie des manœuvres dolosives pour amener son créancier à consentir à la délégation. Dans le premier cas, le délégataire a une action *mandati contraria* contre le déléguant, pour obtenir de celui-ci ce qu'il n'a pu obtenir du délégué (2). Dans le second cas, il peut agir par l'action de dol.

101. Presque tous les auteurs voient encore une exception à notre principe dans le cas où un mari, sur la délégation de sa femme, stipule une dot du débiteur de celle-ci. Il résulte en effet d'un grand nombre de textes (3) que si ce débiteur est insolvable, le mari n'est pas tenu de restituer, lors de la dissolution du mariage, tout ce qui a été constitué en dot, mais seulement ce qu'il a pu obtenir du débiteur de la dot. De là on a conclu que, l'insolvabilité du débiteur retombant en définitive sur la femme et non sur le mari, il y avait, dans cette hypothèse, une exception formelle à notre règle. Mais il y a là, ce nous semble, une grande confusion dans les idées. Quand on dit que *l'insolvabilité du délégué est aux risques du délégataire et non aux risques du déléguant*, cela signifie simplement que *le délégataire n'a aucun recours contre le déléguant,*

(1) L. 68, § 1, ff. de evict.

(2) L. 22, § 2, et l. 45, § 7, ff. mandati. Il en serait autrement pourtant s'il y avait eu faute ou négligence de la part du délégataire (l. 8, ff. de reb. cred.

(3) L. 33, 35, 49, 56, pr., ff. de jure dot. L. 49, pr., ff. soluto matrim. — La loi 6, ff., pr. de pact. dot., d'où l'on a voulu induire l'opinion contraire, se rapporte à des cas particuliers.

à l'effet de lui demander ce qu'il n'a pu obtenir du dé-légué. Or, tout le monde convient que l'insolvabilité du débiteur de la dot ne donne lieu à aucun recours de la part du mari délégataire contre la femme délé-guante ; tout le monde convient encore que le mari, quoique ne pouvant pas forcer sa femme à compléter sa dot, devra pourtant subvenir aux charges du ma-riage, absolument comme s'il avait reçu cette dot in-tégralement. Il est donc évident que notre principe s'applique ici dans toute sa rigueur, et que l'insolva-bilité du délégué est vraiment aux risques du mari, et non aux risques de la femme. Il est vrai que plus tard, à la dissolution du mariage, la femme pourra seule-ment obtenir, par l'action *rei uxoriæ*, ce que le mari a reçu du débiteur délégué, et non le montant intégral de la dot promise ; mais cela tient à un tout autre ordre d'idées et ne touche en aucune façon à notre principe. Toute l'erreur est venue de ce que l'on n'a pas pris garde de bien distinguer les deux rôles diffé-rents que jouent successivement et le mari et la femme, relativement à la dot. Lorsqu'il s'agit de demander la dot, pour l'employer aux charges du mariage, le mari joue le rôle de créancier, et la femme celui de débi-trice ; qu'un débiteur de la femme vienne à être délé-gué par celle-ci au mari, et l'on sera dans l'hypothèse où il peut être question d'appliquer notre principe. Mais lorsqu'arrive la dissolution du mariage, les rôles s'intervertissent ; c'est la femme qui joue maintenant, quant à la dot, le rôle de créancière, et le mari, celui de débiteur. Il n'y a donc plus lieu de parler, ni de femme déléguante, ni de mari délégataire, ni de débi-teur délégué. Si la femme supporte alors les conséquences de l'insolvabilité du débiteur de la dot, ce n'est pas en qualité de délégante, mais bien en qualité de créancière; et si de son côté le mari ne souffre pas de cette insolvabilité en tant que débiteur, ce n'est pas une raison pour perdre de vue qu'il en a souffert en tant que délégataire.

DROIT FRANÇAIS.

DE LA NOVATION.

(Code Nap., art. 1271-1281).

CHAPITRE I.

Ce que c'est que la novation et de combien de manières elle s'opère.

1. La novation est le changement d'une obligation en une autre ; c'est la substitution d'une obligation nouvelle à l'obligation précédente qui se trouve de cette manière éteinte et remplacée par la seconde. Ainsi, la novation ne se borne pas, comme le paiement, à éteindre une dette ; opération à double face, elle détruit une obligation, et en crée une autre en même temps.

2. Elle s'opérait dans le droit romain par une stipulation ; mais chez nous, où cette forme solennelle de contracter n'est point en usage, la novation a lieu de quelque manière que se fasse la nouvelle convention, pourvu, bien entendu, qu'elle réunisse les conditions exigées pour la validité des contrats (art. 1108).

3. Art. 1271. « La novation s'opère de trois manières : 1° lorsque le débiteur contracte envers son créancier une nouvelle dette qui est substituée à l'ancienne, laquelle est éteinte ; 2° lorsqu'un nouveau débiteur est substitué à l'ancien qui est déchargé par le créancier ; 3° lorsque par l'effet d'un nouvel engagement, un nouveau créancier est substitué à l'ancien, envers lequel le débiteur se trouve déchargé. »

4. I. *Novation entre les mêmes personnes* ou *novation proprement dite* (1). La nouvelle obligation diffère alors de l'ancienne, soit par l'objet, soit par la cause, soit par les modalités, soit par les garanties accessoires.

1° *Changement d'objet*. Je conviens avec vous que je vous paierai mille francs à la place de cent mesures de blé que je vous dois : le débiteur et le créancier sont restés les mêmes ; il n'y a de changé que l'objet de la dette ; mais ce changement portant sur un des éléments *essentiels* de l'obligation, suffit pour opérer une novation ;

2° *Changement de cause*. Vous me devez mille francs en qualité d'*acheteur* ; je pourrais en exiger le paiement, mais je consens à vous les laisser à titre de prêt ; la *cause* de la dette seule est changée ; mais ce changement est *essentiel* : il y a donc novation ;

3° *Changements apportés dans les modalités ou dans des garanties accessoires*. En général de pareils changements ne suffisent pas pour opérer novation. Ainsi, lorsqu'un créancier stipule une hypothèque,

(1) Pothier, n° 582. Locré, Exposé des motifs t. XII p. 377. Paroles de M. Bigot-Préameneu.

bien que sa créance, qui n'était d'abord que chirogra-phaire, soit maintenant hypothécaire, il n'y a pas no-vation ; car c'est toujours la même dette qui subsiste ; seulement elle est mieux garantie que par le passé. De même lorsqu'un créancier accorde un délai à son dé-biteur, il n'y a pas novation, bien que sa créance, qui d'abord était pure et simple, soit maintenant à terme ; rien, en effet, n'est changé dans les éléments *essentiels* de l'obligation ; l'ancienne dette subsiste ; seulement son exécution a été reportée à un autre époque. Ce-pendant si les parties, en effectuant ces changements, déclarent formellement leur volonté de nover, il faut bien alors s'en tenir à cette intention.

5. II. *Novation par changement de débiteur.* Lors-que le nouveau débiteur vient de lui-même s'obliger à la place de l'ancien, on dit qu'il y a *expromission* (art. 1274). Si c'est au contraire l'ancien débiteur qui présente le nouveau à son créancier, soit que ce nou-veau débiteur concoure avec l'ancien, soit qu'il le remplace, on dit qu'il y a *délégation.* Cette déléga-tion est *imparfaite,* quand il y a simple concours des deux débiteurs ; elle est *parfaite,* quand il y a substi-tution de l'un à l'autre, et par conséquent novation. On distingue donc aujourd'hui la délégation qui opère novation, et la délégation qui ne l'opère pas. Tel n'é-tait pas le sens du mot délégation à Rome, et dans notre ancien droit ; il n'exprimait que le cas où l'an-cien débiteur en donnait un nouveau à sa place, c'est-à-dire le cas où il y avait novation (1). La délégation exige le concours de la volonté de celui qui délègue,

____

(1) Pothier, n° 600.

du tiers délégué, et du créancier à qui la délégation est faite. L'expromission peut s'opérer sans le consentement du débiteur déchargé.

6. III. *Novation par changement de créancier.* Cette novation a lieu, lorsque le débiteur se libère envers son créancier au moyen d'une obligation qu'il contracte envers une autre personne que son créancier lui désigne. Le nouveau créancier ne peut ainsi se substituer à l'ancien sans le consentement de celui-ci ; il y a donc à proprement parler mandat, délégation, dans tous les cas où la novation a lieu par changement de créancier ; cependant on est dans l'usage de n'appliquer le nom de délégation qu'au cas où la novation s'opère par changement de débiteur.

7. Toullier n'admet pas que le seul changement de créancier suffise pour opérer une novation ; il exige de plus que la nouvelle obligation ait un autre objet que la première. Voici du reste comment il s'exprime : « Il faut supposer que le nouvel engagement que le débiteur contracte envers le nouveau créancier, de l'ordre de l'ancien, a un autre objet que la première obligation ; car s'il avait le même, le nouvel engagement ne produirait point d'autre effet que celui d'un transport de créance qui substitue à la vérité un créancier à un autre ; mais non pas une nouvelle obligation à une ancienne. Par exemple vous me devez dix mille francs ; je vous en tiens quitte à condition que vous consentirez à Paul une obligation de pareille somme. Si, au contraire, je vous tiens quitte des dix mille fr. que vous me devez, à condition que vous donnerez à Paul tant de tonneaux de vin, il y a substitution d'un créancier à un autre ; mais il y a aussi

substitution d'une obligation à une autre dont l'objet était différent, et par conséquent novation (1). » Nous n'hésitons pas à voir dans cette doctrine une erreur évidente de la part de Toullier ; l'art. 1271 3° considère, en effet, le changement de créancier comme suffisant pour opérer novation. Pothier s'était, d'ailleurs, prononcé sur ce point en termes formels : « Lorsque la novation se fait avec l'intervention d'un nouveau débiteur ou d'un nouveau créancier, la différence de créancier ou de débiteur est une différence *suffisante* pour rendre la novation utile, sans qu'il soit nécessaire qu'il en intervienne d'autre (1). » On conçoit, d'ailleurs, toute l'importance de la question ; si un simple changement de créancier opère novation, les garanties accessoires de la première obligation s'éteindront, à moins d'une réserve formelle faite à ce sujet; si, au contraire, comme le prétend Toullier, ce changement ne peut constituer qu'une cession de créance, ces garanties continueront d'exister.

8. Ces trois modes de novation peuvent, du reste, se combiner et concourir pour éteindre une seule obligation; et, à l'inverse, une seule cause de novation peut éteindre plusieurs obligations à la fois.

9. La délégation a le plus souvent pour résultat d'opérer une double novation ; novation par changement de débiteur entre le délégataire et le déléguant, et novation pas changement de créancier entre le déléguant et le délégué. Cela arrive toutes les fois quel'ancien débiteur délègue au créancier son propre débiteur. Rien n'empêche même d'imaginer une dé-

---

(1) Toullier, t. VII, n° 374.
(2) Pothier, n° 597.

légation qui opère en même temps un plus grand nombre de novations. Ainsi, quand Primus doit mille francs à Secundus, que celui-ci doit une somme égale à Tertius , qui lui-même en doit une à Quartus ; ces quatre personnes peuvent convenir que Primus se constituera débiteur de mille francs envers Quartus, et que tout le reste s'évanouira ; de cette façon, les trois créances de Quartus sur Tertius , de celui-ci sur Secundus, et de ce dernier sur Primus s'éteindront à la fois. On peut multiplier indéfiniment le nombre des personnes créancières ou débitrices l'une de l'autre ; le résultat sera toujours le même.

CHAPITRE II.

De l'intention de nover.

10. Nous avons vu quelles ont été à cet égard les variations de la jurisprudence romaine. Dans le droit romain antérieur à Justinien, on était très facile à admettre la novation. L'intention de nover pouvant s'induire d'une foule de circonstances, les jurisconsultes posaient sur ce point diverses présomptions souvent fort peu justifiées, et donnant lieu à de nombreuses controverses. Mais Justinien mit fin à cet état de choses , en décidant que désormais il n'y aurait novation qu'autant que les parties auraient expressément déclaré leur volonté.

11. Dans les pays de droit écrit, cette constitution était observée ; nous lisons en effet dans Claude Serres : « Pour qu'il y ait novation, il faut qu'il soit dit

expressément dans la seconde obligation qu'on innove
la première; sans cela, la première obligation subsiste,
et la seconde se trouve seulement ajoutée suivant la
loi 8 ; d'où il suit que, sans cette clause expresse de
novation, l'hypothèque qu'on avait par la première
obligation demeure dans toute sa force. »

12. Dans les pays de coutumes, au contraire, le droit
de Justinien n'était pas suivi ; on ne suivait pas non
plus l'ancien droit romain ; mais on adoptait un système mixte : la novation ne se présumait point, il n'é-
tait pas nécessaire non plus qu'elle fût expressément
stipulée ; mais il suffisait que la volonté de nover ré-
sultât clairement de l'acte (1).

13. C'est cette doctrine des pays coutumiers que le
Code a consacrée dans l'art. 1273 : « La novation ne
se présume pas ; il faut que la volonté de l'opérer
résulte clairement de l'acte (2). » — « La loi, disait
M. Jaubert au Tribunat, ne pouvait pas consacrer une
formule ; il ne serait pas raisonnable que l'absence
d'un mot pût empêcher les juges de déclarer qu'il y a
eu novation dans un acte, lors même que toutes les
clauses de l'acte auraient fait éclater la volonté que
les parties avaient eue de faire novation (3). » Nous
ne pouvons du reste faire mieux connaître l'esprit de
l'art. 1273 qu'en rapportant les paroles de M. Bigot-
Préameneu : « Toute novation étant un nouveau con-

____

(1) D'Argentré, (art. 273 de la cout. de Bretagne); Fasnage (Des
hypothèques ; 1re partie, chap. 17); Pothier, no 594. Cependant, d'après
la coutume de Hainaut, il n'y avait novation que lorsque les parties l'a-
vaient déclaré expressément.

(2) *Acte* est ici synonyme de *convention*; il ne faut pas entendre ce
mot dans le sens d'*instrumentum, écrit destiné à faire preuve*.

(3) Fenet, t. XIII, p. 539.

trat substitué à l'ancien , il faut que la volonté de former ce contrat résulte clairement de l'acte. La renonciation aux droits que donnait la première obligation ne doit pas dépendre d'une présomption; et si on n'exige pas une déclaration en termes précis et formels, il faut au moins que l'intention ne puisse être révoquée en doute (1). »

14. Ces principes doivent-ils être appliqués au cas de délégation ? D'après l'art. 1275, la délégation n'opère point de novation, « si le créancier n'a *expressément* déclaré qu'il entendait décharger son débiteur qui a fait la délégation. » La plupart des commentateurs s'en tiennent à la lettre de la loi, et pensent que le législateur, dérogeant ici à la règle *eadem vis est taciti atque expressi*, est revenu, pour la délégation, au principe de la constitution de Justinien. Mais rien, dans les travaux préparatoires, n'indique que l'on doive donner un pareil sens à l'art. 1275. Pothier ne fait d'ailleurs aucune distinction entre les différentes espèces de novation : « Pour qu'il y ait délégation, il faut que la volonté du créancier de décharger le premier débiteur, et de se contenter de l'obligation de ce nouveau débiteur qui s'oblige envers lui à la place du premier, soit *bien marquée* (2). » Il est vraisemblable que les rédacteurs du Code ont voulu reproduire ici l'opinion de Pothier, leur guide ordinaire, et que ces mots *déclaration expresse* ont été pris par eux dans le sens de *volonté bien marquée, d'intention résultant clairement de l'acte*, en un mot, qu'ils ont voulu faire

(1) Locré. Exposé des motifs, t. XII, p. 377, n° 146.
(2) Pothier, n° 600.

dans l'art. 1275 une application pure et simple du principe posé dans l'art. 1273. Cela est d'autant plus vraisemblable que la constitution de Justinien n'était pas appliquée, dans les pays de droit écrit eux-mêmes, au cas de délégation.

15. Voyons maintenant dans quels cas la volonté d'opérer novation résulte suffisamment de la nouvelle convention.

16. C'est d'abord lorsque les parties ont dit expressément, ou en termes équivalents, que la première obligation est éteinte; si par exemple le créancier a déclaré qu'*il se contentait de la seconde obligation au lieu de la première*, il est clair qu'aucun doute ne peut alors s'elever sur l'intention des parties, quoique le mot *novation* n'ait pas été prononcé.

17. La volonté de nover résulte encore du nouvel acte, lorsque la seconde obligation est en tout incompatible avec la première, c'est-à-dire lorsqu'elles ne peuvent subsister ensemble toutes les deux (1).

18. La conversion d'un prêt en dépôt présente un exemple de cette incompatibilité qui opère novation. Je vous ai prêté une somme de 1000 francs pour sûreté de laquelle vous m'avez donné une hypothèque; par une convention postérieure, je vous laisse cette somme à titre de dépôt; il y a novation et par conséquent extinction de l'hypothèque qui garantissait la première obligation; car il est impossible que vous me deviez en même temps la même somme à titre de prêt et à titre de dépôt.

Il faut en dire autant de la conversion du prix d'une

(1). Basnage (Hypothèques, part. I, ch. 17).

vente en dépôt entre les mains de l'acquéreur ; ce qui arrive assez souvent, lorsque les créanciers opposants, pour empêcher la consignation, consentent que les deniers restent en dépôt entre les mains de l'acquéreur, et sans intérêts. Il n'est même pas nécessaire qu'il soit dit expressément que l'acquéreur est constitué *dépositaire;* il suffit que cela résulte des circonstances et des termes de la convention (1).

19. Une question qui présente plus de difficulté est celle de savoir s'il y a nécessairement novation dans le cas où un débiteur s'engage à servir à son créancier une rente perpétuelle pour la somme qu'il lui doit.

Cette question était très controversée dans l'ancien droit. La plupart des auteurs soutenaient qu'il n'y avait pas novation dans cette hypothèse ; car, disaient-ils, le créancier ne donne pas par l'acte de constitution de rente, quittance de la somme qui lui est due ; mais il consent seulemeut à ne pas l'exiger, tant qu'on lui en paiera les intérêts ; c'est donc toujours l'ancienne dette qui subsiste, quoique sous une nouvelle modification ; c'est-à-dire que d'exigible qu'elle était, elle est devenue une dette dont le principal est aliéné et ne peut plus s'exiger, tant que le débiteur en paie les arrérages. Mais Pothier repoussait cette doctrine et soutenait qu'il y avait novation. Voici comment il raisonnait : « Il est de l'essence du contrat de constitution de rente, qui est un contrat réel, que celui qui constitue la rente reçoive le prix de la constitution. Lorsque mon débiteur d'une certaine somme,

(1) Arrêt de la Cour de Paris, 16 thermidor an XII, confirmé par la Cour de cassation, le 1er sept. 1806. Toullier, t. VII, n° 279, note 1.

petit, de mille livres, me constitue pour cette somme cinquante livres de rente, il faut donc qu'il reçoive la somme de mille livres pour le prix de la rente qu'il me constitue, et il ne peut être censé la recevoir que par la quittance que je lui donne de cette somme : elle renferme une compensation de la dette de cette somme dont il était débiteur, avec pareille somme que je devais lui donner pour prix de la rente qu'il me constitue ; or, il est évident que cette quittance et cette compensation éteignent cette dette et forment une novation. On ne peut pas dire que le principal de la rente qui m'est constituée est mon ancienne créance de mille livres contre Pierre, qui continue de subsister sous une nouvelle modification de principal de rente, au lieu de créance exigible qu'elle était, car outre qu'elle a été éteinte par la constitution de rente, comme nous venons de le faire voir ; c'est que la créance d'une rente est proprement la créance des arrérages qui en courront à perpétuité jusqu'au rachat, plutôt que du principal, qui, ne pouvant pas être exigé n'est pas proprement dû, et est *in facultate luitionis magis quam in obligatione* (1). »

« Entre ces deux opinions, nous n'hésitons pas à adopter la seconde, quoique l'argumentation de Pothier ne nous paraisse pas à l'abri de tout reproche ; nous ne pouvons admettre, en effet, que le créancier, qui échange un droit exigible contre une rente perpétuelle, *soit censé recevoir la somme qui lui est due, et en donner quittance par l'acte de constitution de la rente*. Si la première obligation devait être considéré, comme exécutée fictivement, son extinction n'aurait pas pour cause la constitution de la rente, mais bien le *paiement fictif* de la somme exigible ; ce ne serait donc pas par *novation*, mais bien par *paiement* que cette obligation serait éteinte. Et réciproquement la constitution de la rente n'aurait pas pour cause l'extinction de l'ancienne obligation, mais une seconde tradition de la somme due, que le créancier serait réputé avoir faite à son débiteur après en avoir été payé fictivement. Or cette double tradition fictive exclut précisément toute idée de novation, puisque, la novation est la substitution immédiate, sans intermédiaires, d'une obligation à une autre. Analyser ainsi la manière dont opère la novation, conduit précisément à supprimer du Code ce mode d'extinction, du moins en tant que mode spécial et distinct du paiement (1).

La vraie et seule raison pour laquelle il y a novation dans l'espèce, c'est que l'objet de la nouvelle obligation n'est plus le même que celui de l'ancienne, et que la nature d'une obligation dépend essentiellement de la nature de son objet. *Mutata est causa et status obligationis.*

Le créancier qui échange ainsi son droit à un capital exigible contre une rente perpétuelle stipulerait même inutilement qu'il n'entend pas faire novation, ni dégager les cautions ; car, dit fort bien Pothier, une protestation ne peut empêcher l'effet nécessaire et essentiel d'un acte ; elle pourrait seulement empêcher

______

(1) Autant vaudrait dire, dans le cas où je consens à prendre votre cheval à la place des mille francs que vous me devez, que vous êtes censé me *payer* ces mille francs, et que je suis censé vous les remettre immédiatement après, comme prix de la *vente* de votre cheval.

_— 85 —_

l'extinction des hypothèques de l'ancienne dette et les transférer à la nouvelle, pourvu que ces hypothèques portent sur des biens appartenant au débiteur (art. 1278, 1279 et 1280).

20. Mais y a-t-il novation, dans le cas où un immeuble est vendu pour un capital, dont l'acheteur s'engage, *dans l'acte même de vente*, à servir la rente à un taux déterminé ? Suivant quelques auteurs, il s'opère, dans ce cas, une novation qui substitue une rente à la créance du prix, en sorte que la rente est véritablement *constituée à prix d'argent*, et que le rachat n'en peut être suspendu que pendant dix ans au plus. Mais cette décision nous paraît trop absolue ; nous ne pouvons admettre que tout se réduise ici à une question de formule, et comme les parties sont libres de régler les conditions du rachat, et par conséquent de fixer le capital à rembourser pour l'extinction de la rente, il importe peu, selon nous, qu'elles se bornent à fixer le montant des arrérages, sauf à en induire ensuite le capital à payer pour le rachat, ou qu'elles commencent, en sens inverse, par fixer le capital pour régler ensuite le taux des arrérages. Nous pensons donc qu'il ne peut alors être question de novation, et que, par suite, il y a, dans l'espèce, non pas *rente constituée*, mais bien *rente foncière*, la rente étant réellement établie de manière à former directement le prix de l'immeuble vendu, tout comme si la vente avait été consentie pour 50 fr. de rente perpétuelle sans désignation de capital (1).

21. La conversion d'une créance exigible en une rente viagère opère évidemment novation ; on ne peut

(1) Ducaurroy, Bonnier et Roustain, t. II, n° 42.

'douter ici que l'objet de l'obligation ne soit changé ; puisque le droit au capital ne peut revivre, même pour défaut de paiement des arrérages de la rente (art. 1978).

22. Le vendeur qui reçoit des billets à ordre ou des lettres de change, en paiement du prix de vente, dont il donne quittance sans réserves, fait-il novation de sa créance ?

La question présente le plus grand intérêt ; car dire qu'il y a novation, c'est faire perdre au vendeur tous les avantages de sa position ; c'est lui enlever le droit d'exercer son privilége sur le prix de la chose vendue (art. 2102 et 2103), ou de demander la résolution du contrat de vente, si l'acheteur ne paie pas son prix.

La jurisprudence admet assez généralement que le créancier en donnant quittance n'abandonne pas sa qualité de vendeur, et ne consent à la libération de son acheteur que *sous la condition de l'encaissement des billets*. Cela revient à dire que l'extinction de la première obligation est subordonnée à la condition que la seconde obligation sera exécutée, ou en d'autres termes que la novation est *présumée conditionnelle*. Mais cette présomption ne nous paraît nullement justifiée ; l'art. 1273, sur lequel se basent tous les arrêts, est sans application dans l'espèce ; il est vrai que, d'après cet article, l'intention de nover ne doit pas être présumée, et que dans le doute, les juges doivent considérer la première obligation comme étant plutôt modifiée qu'éteinte ; mais si la loi en a décidé ainsi, lorsque le doute existe entre l'*intention de nover* et l'*intention de modifier la première obligation*, elle n'a dit nulle part qu'entre une *novation pure et simple* et une *novation conditionnelle*, les juges devraient présumer la novation conditionnelle. Or, le vendeur qui donne quittance du prix de vente à l'acheteur, moyennant la délivrance d'effets de commerce, consent évidemment à la novation de son ancienne créance ; qu'est-ce en effet que *donner quittance*, sinon *libérer son débiteur*, et qu'est-ce qu'*une libération accordée en échange d'une autre obligation*, sinon *une novation* ? Il faudrait dénaturer le sens des mots pour ne pas voir que l'intention de nover est alors aussi claire que possible. Aussi les arrêts ne se refusent-ils pas à admettre la libération du débiteur. Seulement ils veulent que cette libération n'ait lieu que *sauf encaissement*, c'est-à-dire sous la condition que l'obligation nouvelle sera exécutée ; et leur motif, c'est que, d'après l'art. 1273, la novation se ne présume pas. Mais il y a dans cette manière de raisonner une contradiction flagrante ; s'il est vrai que, dans notre hypothèse, l'intention de nover ne soit pas clairement manifestée, il faut, par application de l'art. 1273, décider, non pas que la première obligation est éteinte conditionnellement, mais bien qu'elle n'est éteinte en aucune façon et que son mode de recouvrement est seul changé ; si, au contraire, ainsi que nous le croyons, et que l'avouent implicitement les arrêts que nous attaquons, l'intention de nover résulte suffisamment des termes de l'acte, il faut décider qu'il y a novation pure et simple, et non novation conditionnelle, à moins, bien entendu, que les parties ne se soient clairement expliquées sur l'existence de cette condition. Mais décider, comme le font les arrêts, qu'il y a novation conditionnelle, précisément parce que la novation ne se présume pas, c'est raisonner, ce nous semble, d'une étrange manière !

L'art. 1273 doit donc être écarté du débat ; car on est dans une hypothèse où les parties ont certainement voulu opérer novation. Il y a lieu maintenant de se demander si elles ont voulu faire une novation pure et simple ou une novation conditionnelle ; or nous ne voyons pas pourquoi on sous-entendrait plutôt une condition dans l'espèce actuelle que dans tout autre cas de novation. Sans doute le créancier, qui donne quittance du prix de vente à son débiteur, en échange d'une lettre de change, agit dans la pensée que cette lettre de change sera payée à l'échéance ; mais tout créancier qui échange une obligation contre une autre, agit aussi dans l'espérance que la seconde obligation sera exécutée, et pourtant on ne présume pas, à moins que les parties ne s'en soient expliquées clairement, que la novation est faite sous la condition de cette exécution. Il y aurait, dira-t-on peut-être, un trop grave inconvénient à priver le créancier des avantages que lui donne sa position de vendeur. Mais à qui la faute, s'il en est ainsi ? Que n'a-t-il fait ses réserves ? Que n'a-t-il spécifié, comme il en avait le droit, que la novation serait conditionnelle (1) ?

23. Plusieurs auteurs citent l'art. 879 comme formant exception à la règle que la novation ne se présume pas ; d'après cet article, le droit de demander la séparation des patrimoines ne peut plus être exercé, lorsqu'il y a *novation* dans la créance contre le défunt par l'acceptation de l'héritier pour débiteur. Or il est

(1) *Sic* Grenier (Hyp. t. II, n° 385) ; Duranton (t. XII, n° 287) ; Cour de Bourges, 6 mai 1837. — *Secùs* Merlin (Rép. v° novation, § 5.) ; Pardessus (Dr. comm., t. II, n° 221) ; Troplong (Hyp. n° 499 bis), Marcadé (t. IV, art. 1273, n° 2) ; Cass. 22 juin 1841.

clair que les créanciers du défunt pourront perdre ce droit, quoique l'intention de nover ne résulte pas clairement de l'acte. Mais le mot *novation* ne doit pas être précisé dans son sens technique ; car bien loin de changer de débiteur, en acceptant pour tel l'héritier, les créanciers du défunt ne font que rentrer dans le droit commun, suivant lequel l'héritier est tenu des obligations du défunt. Aussi n'applique-t-on pas à l'acte qui constitue cette prétendue novation le droit proportionnel de un pour cent établi par la loi du 22 frimaire an VII (art. 69, § 3, 3°). La novation dont parle l'article 879 ne constitue aucun changement d'obligation ; ce n'est pas autre chose que la nouvelle position dans laquelle les parties se trouvent placées par suite de l'acceptation de l'héritier pour débiteur ; et elle n'a pas d'autre effet que de priver le créancier du droit de demander la séparation des patrimoines.

24. Il semble, au premier abord, que le point de savoir si un acte, et les circonstances de fait qui l'accompagnent, révèlent clairement la volonté de nover, n'est qu'une question d'intention, une appréciation de fait, pour laquelle les cours impériales seraient souveraines, et qui ne pourrait jamais être censurée par la cour suprême. Nous croyons pourtant que l'opinion contraire est préférable. Car, s'il appartient aux cours impériales de statuer souverainement sur les circonstances de fait qui peuvent faire reconnaître l'intention des parties, et d'interpréter le sens et la lettre des conventions, on doit convenir aussi que la cour de Cassation a le droit de statuer sur l'application faite par les arrêts des dispositions législatives qui déclarent le caractère des actes, ou déterminent les conditions auxquelles on doit reconnaître ce caractère; or l'art. 1273 pose comme règle de droit qu'on ne doit reconnaître de novation que celle qui résulte clairement de l'acte, et défend ainsi d'admettre celle qui n'apparaîtrait pas d'une manière évidente. D'un autre côté, l'art. 1271 énonce les conditions légales de la novation; dès lors il ne suffit pas que les juges aient déclaré que la volonté d'opérer novation existe clairement; il faut encore qu'ils déclarent comment cette novation s'est opérée; et s'ils ont reconnu la novation, dans un cas où l'une au moins des trois conditions de l'art. 1271 n'existait pas d'une manière évidente, la cour de Cassation aura le droit de casser l'arrêt, comme ayant contrevenu à la loi, et violant les art. 1271 et 1273 (1).

CHAPITRE III.

Des obligations qui sont l'objet de la novation.

25. Dans la novation, l'extinction de la première obligation a pour cause la création de la nouvelle, et réciproquement la naissance de la seconde obligation a pour cause l'extinction de la première. De là, il suit que la novation ne peut s'opérer, quant il y a nullité radicale, inexistence absolue, soit de l'obligation à laquelle on voulait en substituer une nouvelle, soit de celle que l'on entendait substituer à l'ancienne. Ainsi, l'obligation ancienne est-elle radicalement nulle, ou a-t-elle cessé d'exister, au moment où les parties veu-

(1) Cass. 22 juin 1841.

lent la nover, la seconde obligation ne sera pas contractée : car elle ne peut naître faute de cause. La nouvelle obligation est-elle nulle dès le principe, l'ancienne
ne sera pas éteinte ; car son extinction serait sans
cause.

26. L'application de ces principes à la délégation
n'est pas sans difficultés ; on sait, en effet, que la délégation opère souvent une double novation, puisqu'elle
éteint tout à la fois l'obligation du déléguant envers le
délégataire et celle du délégué envers le déléguant.
Or, supposons que Tertius, se croyant faussement débiteur de Secundus, se laisse déléguer par celui-ci à
Primus, créancier de Secundus. Tertius sera-t-il obligé
envers Primus, sauf, bien entendu, son recours contre
Secundus dont il a géré l'affaire ? Ou bien, doit-on considérer son obligation comme nulle *faute de cause* ?

La loi 12, au Digeste *de novationibus*, qui prévoit
cette hypothèse, décide que le délégué est obligé envers le délégataire et n'a qu'un recours contre le déléguant. Cette solution est conforme aux principes du
droit romain. La stipulation a été faite régulièrement,
les paroles solennelles ont été prononcées ; c'en est
assez pour que le lien soit formé ; le délégué ne peut
d'ailleurs repousser par une exception de dol l'action
du délégataire ; car le préteur n'accorde cette exception, pour cause d'erreur, que dans les cas où le stipulant commet un dol en poursuivant son débiteur ; or,
dans l'espèce, le délégataire a été avant la délégation,
créancier du déléguant ; il a perdu son action contre
celui-ci en acceptant pour débiteur le délégué ; lorsqu'il poursuit son nouvel obligé, il ne réclame donc
que ce qui lui est dû, et se trouverait privé de toute

action, si sa poursuite venait à être paralysée par une exception ; ainsi, on ne peut dire qu'il commet un dol en agissant contre le délégué.

Faut-il en décider de même en droit français ? Nous ne le pensons pas ; il est clair d'abord qu'on ne peut invoquer aujourd'hui les raisons sur lesquelles s'appuyait la décision romaine, puisque cette décision n'était qu'une conséquence du formalisme de la stipulation, rejeté depuis longtemps par notre législation. La difficulté consiste seulement à voir si l'obligation du délégué est *sans cause*. Or, les auteurs ne sont pas d'accord sur ce point : « L'obligation contractée par le délégué, dit Marcadé, a eu pour cause, non pas l'existence de sa prétendue dette envers le déléguant, mais bien l'extinction de la dette de ce déléguant envers le créancier ; ce qui s'évanouit ici a pu être le *motif* du contrat, mais n'en a pas été la *cause* ; or, c'est seulement l'absence de cause qui rend l'obligation nulle. » S'il en était ainsi, notre question devrait être résolue aujourd'hui, de la même manière qu'à Rome, quoique les raisons fussent complètement différentes. Mais c'est là ce que nous ne pouvons admettre. Qu'entend-on, en effet, par *cause* d'une obligation ? Dans les contrats à titre onéreux, c'est l'avantage que la partie qui s'oblige veut obtenir comme équivalent de son obligation ; dans les contrats à titre gratuit, la cause de l'obligation n'est autre que le désir de rendre un service. Appliquons ces définitions au cas de délégation. Si le délégué sait parfaitement qu'il ne doit rien au déléguant, son obligation est de sa part un acte de pure libéralité ; il s'oblige dans le seul but de libérer le déléguant envers le délégataire ; son obligation a donc pour cause l'extinction de la dette du déléguant. Mais, s'il se croit débiteur du déléguant, ce n'est plus un acte de libéralité qu'il veut faire ; c'est un contrat à titre onéreux qu'il entend former ; la cause de son obligation est donc *l'avantage qu'il compte obtenir comme équivalent de sa promesse*, c'est-à-dire *l'extinction de sa propre dette* ; d'où il suit que, si cette dette n'existe pas, l'obligation qu'il contracte est nulle pour défaut de cause.

27. Si pourtant le créancier avait, par suite de la délégation, supprimé de bonne foi le titre de sa créance contre le déléguant, l'obligation du délégué devrait être maintenue ; on ne pourrait alors, sans injustice, rendre le créancier victime de l'erreur du délégué (Arg. d'anal. de l'art. 1377).

28. Puisque toute novation suppose une première dette, il s'ensuit que si cette dette est conditionnelle, il n'y aura, en principe, novation qu'autant que la condition se réalisera ; car, la condition manquant, il n'y a point de première obligation, et par conséquent point de cause au nouvel engagement. A l'inverse, si la seconde obligation est conditionnelle, il faut que la condition s'accomplisse pour qu'il y ait novation ; car, si cette condition fait défaut, la seconde obligation est censée n'avoir jamais existé, et par conséquent, l'extinction de la première obligation se trouve être sans cause.

29. Mais il n'en est ainsi, on le conçoit, qu'autant que les parties ont entendu opérer sur des obligations ayant une existence certaine : il est clair, en effet, que si elles ont voulu faire un contrat aléatoire, si leur intention a été d'échanger un droit conditionnel contre un droit certain, ou un droit certain contre un droit

conditionnel, leur intention devra s'exécuter, quoique la condition vienne à manquer.

Il appartient au juge de reconnaître dans chaque affaire quelle a été l'intention des parties ; la circonstance la plus significative à cet égard sera ordinairement la valeur comparative des objets des deux obligations. Si ce qui est promis purement par la seconde convention vaut évidemment beaucoup moins que ce qui était dû d'abord sous condition, on sera naturellement porté à croire que les parties ont entendu échanger un droit éventuel contre un droit certain, mais moins considérable ; et au contraire, si ce qui a été promis par la seconde convention faite sous condition, vaut beaucoup plus que ce qui était dû purement et simplement, on jugera que le créancier a voulu échanger un droit certain contre un droit éventuel, mais ayant pour objet une chose de plus grande valeur.

30. Passons maintenant au cas où une des obligations qui sont l'objet de la novation est simplement annulable.

31. Et d'abord, une dette valable peut-elle être irrévocablement novée par une dette annulable ? Ainsi un mineur s'oblige à me livrer tel cheval au lieu et place des 500 francs que lui ou telle autre personne me devait, et forme ainsi avec moi une novation ; puis il fait annuler son obligation. Il y a lieu alors de se demander si cette annulation me fait rentrer dans ma première créance ou si la première obligation a été définitivement éteinte.

Presque tous les auteurs sont d'accord pour décider que l'ancienne obligation a été éteinte définitivenant (1). Voici leurs motifs : C'est d'abord, disent-ils, un principe fondamental, principe déduit des règles du Digeste par les glossateurs, qu'une obligation une fois éteinte ne peut plus revivre : *obligatio semel extincta non reviviscit.* En outre, il est certain qu'une obligation civile peut très bien être novée par une obligation naturelle ; or quand un incapable fait annuler l'obligation qu'il a contractée, l'annulation n'opère que l'extinction du lien civil ; le lien naturel subsiste. Aussi Justinien déclare-t-il que si un créancier accepte pour débiteur un pupille non habilité par son tuteur, à la place d'un autre débiteur, l'obligation ancienne est éteinte par novation, quoique celle qui la remplace soit nulle civilement. Le créancier ne mérite d'ailleurs aucune protection, car il ne doit s'en prendre qu'à lui-même d'avoir contracté avec un incapable.

Nous croyons cependant devoir nous écarter ici de l'opinion générale ; l'extinction de la première obligation a en effet pour cause la création de la seconde ; or celle-ci se trouvant annulée rétroactivement est censée n'avoir jamais existé ; la première obligation est donc censée n'avoir jamais été éteinte. Invoquer dans l'espèce la règle de droit *obligatio semel extincta non reviviscit,* c'est faire un cercle vicieux, une pétition de principe, puisque nous prétendons précisément que cette extinction n'a jamais eu lieu. Il est d'ailleurs complétement faux de dire qu'une obligation annulée pour cause d'incapacité du promettant continue de constituer une obligation naturelle. Si la loi permet

____

(1) Toullier (t. VII, n° 298) ; Delvincourt ; Duranton (XII. 282) ; Dalloz (Oblig. p. 506, n° 10) ; Zachariæ (II, p. 395).

de faire annuler l'obligation contractée par un mineur, un interdit ou une femme mariée, c'est précisément parce qu'il lui semble que ceux qui l'ont contractée n'étaient pas dans les conditions voulues pour s'obliger raisonnablement, ou en d'autres termes, parce que cette obligation est présumée nulle naturellement. Il est vrai que cette obligation peut être ratifiée, même après son annulation prononcée, par les représentants légaux de l'incapable ou par celui-ci devenu capable, et que cette ratification a pour effet de restituer à l'obligation son caractère obligatoire; mais cela tient à ce que la loi trouve, dans cette ratification même, la preuve que sa présomption était en défaut; du moment que l'obligation contractée par un incapable est régulièrement exécutée, ou que sa validité est reconnue de toute autre manière, on sait alors, *mais alors seulement*, que cette obligation, quoique civilement annulée, était demeurée valable naturellement; il n'y a donc rien à conclure de là pour le cas où ni cette exécution, ni cet aveu n'ont eu lieu. D'ailleurs, tout se tient et s'enchaîne dans une novation; il n'est pas plus permis de scinder ses effets pour annuler l'un et conserver l'autre, que de distinguer dans une vente faite à un incapable, d'une part l'obligation contractée par lui de payer le prix; et d'autre part le droit qu'il a acquis à la chose vendue. Il est de principe que l'incapable qui obtient l'annulation du contrat qu'il a fait, ne doit rien retenir de ce qu'il a reçu de l'autre partie (art. 1312).

32. On devrait pourtant donner une solution différente, s'il était démontré que le créancier, en contractant avec l'incapable, a eu réellement pour but d'é-

changer une créance valable contre une autre susceptible d'annulation. Dans ce cas, la première obligation restera irrévocablement éteinte, quoi qu'il arrive, car l'annulation de l'obligation nouvelle ne fait pas que l'extinction de l'ancienne soit sans cause; le créancier a voulu acquérir la chance d'une créance valable; or, cette chance, il l'a eue, et rien ne peut faire qu'elle n'ait pas existé. Ce créancier pouvait faire purement et simplement remise de la dette; à plus forte raison a-t-il pu accorder cette remise, en recevant comme équivalent une créance susceptible d'être annulée. Mais cette intention de sa part devra être prouvée de la manière la plus évidente, car on ne présume pas facilement les libéralités et les renonciations.

33. Il faut en dire autant du cas où l'annulation de la seconde obligation est prononcée pour cause de dol, de violence ou d'erreur.

34. A l'inverse, une obligation annulable peut-elle être novée par une obligation valable?

Le principe est toujours le même; la novation exige, pour s'accomplir, deux obligations; or, de même qu'il n'y a pas extinction de la première obligation, si la seconde ne prend pas naisance; de même, la seconde obligation ne peut naître faute de cause, si la première obligation n'existe pas au moment de la novation, soit par suite d'une nullité radicale, soit par l'effet d'une annulation rétroactive. Si donc la première obligation vient à être annulée, après qu'elle a été l'objet d'une novation, la seconde obligation sera censée n'avoir jamais existé.

35. Mais il faut observer que la novation même couvrira souvent le vice de la première obligation, en

sorte que, l'annulation se trouvant désormais impossible, la novation sera immédiatement irrévocable.

En effet, si c'est avec pleine connaissance du vice, qui entachait son obligation, que le débiteur est venu s'en libérer, en lui en substituant une nouvelle, il est clair qu'il a renoncé par là à son action en nullité. Dans le cas contraire, l'obligation pourra toujours être annulée, et, si elle l'est en effet, la novation s'évanouira.

Lorsque la novation de l'obligation annulable a été faite, non pas entre le créancier et le débiteur, mais entre le créancier et un tiers, il est possible que la pensée de ce tiers ait été de s'obliger pour le cas même où la première dette serait annulée ; l'obligation du tiers pourrait même avoir été contractée précisément en vue et dans la crainte d'une annulation de la première obligation ; il est clair qu'alors on devra donner effet à l'intention des parties contractantes. Mais si le tiers ignorait le vice de l'obligation, ou si, le connaissant, rien ne prouve qu'il ait entendu s'obliger, même pour le cas d'une annulation, la novation sera non avenue.

Lorsqu'il y a désaccord entre les parties sur le point de savoir si le débiteur connaissait le vice de son obligation, au moment de la novation, ou si le tiers a entendu s'obliger, même pour le cas où cette obligation serait annulée, c'est évidemment au créancier à faire la preuve du fait dénié par l'autre partie (art. 1315).

36. Une obligation purement naturelle peut être novée par une obligation civile. Ainsi un débiteur failli, qui a obtenu de ses créanciers un concordat, s'obligera valablement à leur payer la partie de sa dette dont il lui a été fait remise.

37. Il n'en serait pas de même de la dette de jeu, pour laquelle la loi n'accorde aucune action (art. 1965).

CHAPITRE IV.

Des personnes qui peuvent nover.

38. Ce chapitre sera divisé en deux sections ; dans la première, nous verrons quelles sont les personnes qui ont le droit de nover, et, dans la seconde, quelles sont celles qui ont l'exercice de ce droit.

SECTION I.

Des personnes qui ont le droit de nover.

39. Nous considérerons successivement le rôle de créancier et celui du débiteur.

§ 1. Du rôle de créancier.

40. Le droit de disposer d'un bien quelconque, et notamment d'une créance, n'appartient qu'à son propriétaire. Nul ne peut donc remplir dans la novation le rôle de créancier, c'est-à-dire acquérir le bénéfice de la nouvelle obligation, et éteindre en même temps l'ancienne, s'il n'était déjà propriétaire de la première créance, ou s'il n'agit en vertu d'un mandat que lui a donné à cet effet l'ancien créancier ; ce mandat peut d'ailleurs être ou conventionnel ou légal ; car la loi confie à certaines personnes le soin d'administrer les biens des incapables, et quelquefois les pouvoirs de ces administrateurs comprennent le droit de nover les créances des incapables.

41. Un créancier solidaire ne peut nover l'obligation commune que *pour sa part* (arg. de l'art. 1198, 2° al.). A Rome, il en était autrement; chacun des *correi stipulandi* était considéré individuellement comme seul maître de la créance; aussi pouvait-il en disposer comme il l'entendait; il avait même le droit de faire acceptilation de la dette entière. L'idée d'*unité de lien* qui caractérisait à Rome l'obligation *corréale* entraînait forcément cette conséquence rigoureuse. Mais notre droit, partout basé sur l'équité, ne pouvait admettre de pareils résultats, surtout alors qu'il constituait les créanciers solidaires associés de plein droit. Aussi sommes-nous obligés de reconnaître que ce principe d'unité de lien a subi un notable tempérament en passant de la législation romaine dans la nôtre. La règle à cet égard, c'est que l'unité de lien peut bien être invoquée par les cocréanciers de celui qui a agi, lorsque celui-ci a fait quelque chose d'utile à tous, mais qu'elle ne peut leur être opposée, s'il a au contraire, même de bonne foi, amoindri leurs droits. Dans ce dernier cas, c'est le créancier agissant qui supporte seul la perte. Il y a là quelque chose d'analogue à ce qui se passe au cas de gestion d'affaires.

Tous les auteurs sont d'accord sur la solution de la question; mais ils en donnent généralement une autre explication. Si l'un des créanciers solidaires ne peut faire novation pour le tout, cela tient, suivant eux, à ce qu'il est mandataire *ad conservandam sed non ad minuendam obligationem*. Or, c'est ce que nous ne pouvons admettre; nous reconnaissons bien que chaque créancier solidaire aura, *dans ses rapports avec ses cocréanciers*, à régler des comptes de mandataire à mandants ; mais *dans ses rapports avec le débiteur commun*, chaque créancier nous paraît agir *en vertu de son droit propre*, et non, comme le voudraient nos adversaires, en vertu d'un mandat que lui auraient tacitement donné ses cocréanciers pour tout ce qui excéde sa part dans la créance commune. Il est clair, par exemple, que quand un créancier demande au débiteur le paiement du total de la créance, il ne peut être considéré comme agissant en qualité de mandataire de ses cocréanciers ; s'il en était ainsi, on ne comprendrait pas qu'un des créanciers solidaires pût poursuivre le débiteur pour le tout, alors qu'un terme non échu affecte encore le droit des autres ; un mandataire ne saurait avoir plus de droits que son mandant n'en a lui-même. Laissons donc de côté toutes ces idées de mandat, qui n'ont rien à faire dans la question actuelle, et disons simplement que l'obligation est censée appartenir en entier au créancier agissant, toutes les fois qu'il conserve ou améliore le droit de tous, et qu'au contraire elle est réputée non solidaire, multiple, divisée, toutes les fois qu'un créancier voudrait compromettre le droit des autres. C'est ce que nous résumons, en disant qu'aujourd'hui l'obligation solidaire n'offre plus qu'une *unité de lien relative*, tandis qu'à Rome cette unité de lien avait un caractère *absolu*.

42. Passons aux mandataires conventionnels ou légaux.

Il est évident d'abord qu'un mandataire à qui le créancier n'a pas confié l'administration générale de ses biens, ne peut faire novation qu'autant que ce droit lui a été spécialement accordé ; ainsi, celui qui n'a qu'un pouvoir particulier pour recevoir des débiteurs, ne peut faire novation, parceque, son pouvoir étant borné à recevoir, *non debet egredi fines mandati.*

43. Mais le droit de nover appartient-il au fondé de procuration générale ? Nous ne le pensons pas ; car la novation constitue évidemment un acte d'aliénation, un acte de propriété ; or, l'art. 1988 exige que le mandat soit exprès, « s'il s'agit d'aliéner ou d'hypothéquer ou de quelque autre acte de propriété. » Il en était autrement à Rome et dans notre ancien droit.

44. Le tuteur a qualité pour faire novation des créances mobilières de son pupille ; la loi lui reconnaît en effet le droit de recevoir les capitaux de son pupille et d'en faire l'emploi sans l'autorisation du conseil de famille (art. 455).

45. Le mari n'a le droit de nover les créances de sa femme (en qualité de procurateur légal de celle-ci), que dans un seul cas ; c'est lorsque les époux sont mariés sous le régime dotal, et qu'il s'agit d'une créance mobilière dotale.

Selon quelques auteurs, le mari jouirait de ce droit, non pas en qualité de mandataire de la femme, mais en qualité de propriétaire de la créance dotale ; et ils donnent pour raison de cette propriété du mari, que toute créance portant son estimation avec elle-même, c'est le cas d'appliquer l'art. 1551, quoiqu'il n'y ait pas eu de mise à prix dans le contrat de mariage. Mais il est évident qu'une créance a une valeur vénale tout aussi variable que n'importe quel autre bien, selon la position du débiteur, ou à raison d'autres circon-

créances. Le mari n'en peut donc devenir propriétaire qu'au moyen d'une estimation portée au contrat de mariage.

On ne peut douter d'ailleurs que le mari n'ait le droit de disposer des meubles dotaux, et spécialement de nover les créances dotales, quoiqu'il n'en devienne pas propriétaire, et quoique l'art. 1549 lui confie simplement l'*administration* de la dot. On sait en effet que notre législateur a entendu consacrer l'ancien régime dotal, tel qu'il existait à Rome et dans les pays de droit écrit. Si le mari n'est plus appelé *propriétaire* de la dot, c'est uniquement parce que cette propriété simultanée de la femme et du mari a paru, et avec raison, difficile à comprendre. Mais il n'en est pas moins certain que sous le nom d'*administrateur*, le mari a absolument les mêmes pouvoirs qu'il puisait autrefois dans son titre de *propriétaire*. Or, on n'a jamais douté, à Rome, ni dans notre ancien droit écrit, que le mari n'eût le pouvoir d'aliéner les meubles dotaux (1). Nous devons donc en décider de même aujourd'hui, et par conséquent lui accorder le droit de nover les créances mobilières dotales de la femme.

46. Dans tous les autres cas, le mari n'a pas le droit de nover les créances qui appartiennent à sa femme.

Si les époux sont séparés de biens, il est clair que le mari, n'ayant même pas l'administration des biens

---

(1) L. 35, 36, 41, 43 et 49 ff. de jure dotium. L. 66, § 6, ff. soluto matrim. — Serre, (Inst., p. 103.) Catalan, (liv. IV, ch. 47), et les arrêts du parlement de Toulouse cités par eux, Boniface, (IV. p. 282) et l'arrêt qu'il cite du parlement de Provence. Roussilhe (I, p. 270). Nouveau Denisart, (VII, p. 122).

de sa femme, ne peut aliéner ni nover les créances de celle-ci.

Nous en dirons autant du cas où les époux sont mariés sous le régime dotal, s'il s'agit d'une créance paraphernale.

47. Sous le régime d'exclusion de communauté, le mari est administrateur des biens de sa femme; mais ses pouvoirs ne sont alors que ceux d'un administrateur ordinaire; il n'a donc pas le droit de nover.

48. La question présente plus de difficulté sous le régime de communauté, en ce qui concerne les créances mobilières de la femme.

Avant tout, demandons-nous dans quels cas une femme commune en biens aura une créance mobilière à elle propre, ne tombant pas en communauté; on ne voit pas, au premier abord, comment cette hypothèse pourra se réaliser; car, en principe, tous les meubles des époux tombent en communauté, que ces meubles leur aient appartenu avant la célébration du mariage, ou qu'ils aient été acquis pendant le mariage (art. 1401, 1°). Il y a cependant trois hypothèses dans lesquelles une créance mobilière appartenant à la femme ne tombe pas en communauté; à savoir : 1° lorsque cette créance est substituée pendant le mariage à un propre; 2° lorsqu'elle est donnée à la femme sous la condition de lui rester propre; 3° lorsque les époux, dérogeant aux règles de la communauté légale, ont inséré dans leur contrat de mariage une clause en vertu de laquelle cette créance doit rester propre à la femme.

Dans ces trois cas, le pouvoir de faire novation appartient-il au mari? La solution de cette question dé-

pend de celle qu'on donnera à une question plus générale : le mari peut-il aliéner seul les propres mobiliers
de sa femme ? car la novation constitue une aliénation
de créance.

Les auteurs qui accordent au mari ce droit d'aliénation invoquent d'abord l'opinion de Pothier (1), qui
prétendait que le mari serait gêné dans sa jouissance,
s'il n'avait pas le droit de vendre les propres mobiliers
de sa femme. Ils tirent ensuite un argument *a contrario*
de l'art. 1428 qui n'interdit au mari que l'aliénation
des immeubles. Enfin, ils s'appuient sur l'art. 1503,
d'après lequel « chaque époux a le droit de reprendre
et de prélever, lors de la dissolution de la communauté,
la valeur de ce dont le mobilier qu'il a apporté lors du
mariage ou qui lui est échu depuis, excédait sa mise
en communauté ». Or, disent-ils, puisque l'époux reprend ainsi l'excédant, non en nature, mais seulement
par une somme équivalente, c'est donc la communauté, qui, au moyen d'une récompense à payer par
elle, est alors propriétaire de la totalité du mobilier,
quoique les époux s'en soient réservé une partie.

Mais ce système ne nous paraît pas devoir être
adopté. Et d'abord l'argument tiré de l'art. 1503 ten-
drait à établir que la femme ne peut jamais avoir de
propres mobiliers, du moins de ceux que la doctrine
appelle *propres parfaits* (2). Or, il est clair que rien

(1) Pothier, de la Communauté, art. 325.

(2) Les *propres parfaits* sont ceux qui, comme les propres immobiliers,
demeurent réellement la propriété de l'époux, pour être repris en nature,
in specie, lors de la dissolution de la communauté. On appelle au
contraire *propres imparfaits*, ceux qui entrent dans la communauté,
comme s'ils étaient conquêts, mais en faisant naître pour l'époux une
créance égale à leur valeur.

n'empêche les époux de stipuler dans leur contrat de mariage que tel meuble déterminé, ne se consommant pas *primo usu* (une créance, par exemple) restera rigoureusement propre à l'époux créancier. C'est même en ce sens que l'on doit interpréter la clause par laquelle un époux exclut directement ou indirectement de la communauté une certaine partie du mobilier, soit en déclarant que telle partie de ses meubles n'entrera pas dans la communauté, soit en déclarant au contraire qu'il met telle partie en communauté, ce qui exclut le reste virtuellement, soit enfin en stipulant que telle partie de son mobilier sera employée en acquisition d'immeubles qui lui seront propres. Dans tous ces cas, il y a *réalisation proprement dite*, c'est-à-dire constitution de propres parfaits. Mais il faut, bien entendu, que les meubles ainsi exclus de la communauté soient de telle nature qu'on puisse en faire usage sans les consommer ; car autrement, le droit d'usufruit qui appartient à la communauté sur les propres des deux époux, ne pourrait être, par la force même des choses qu'un droit de quasi-usufruit, rendant la communauté propriétaire à charge de récompense (art. 587). Quant à l'art. 1503, il a été écrit pour le cas particulier où un époux a déclaré mettre en communauté son mobilier *jusqu'à concurrence d'une somme déterminée*, et se réserver le surplus comme propre. Or, on conçoit qu'en vertu d'une pareille clause la communauté devienne propriétaire de tous les meubles et soit seulement débiteur de la *valeur* de l'excédant, l'époux a indiqué en effet son intention de livrer *tout* son mobilier en libération de la dette qu'il contractait, sauf à acquérir contre la communauté une créance dont le montant dépendra de là valeur comparative de ce mobilier et de la somme fixée. Mais argumenter de cet article, comme le fait M. Troplong, pour soutenir que les propres mobiliers des époux appartiennent toujours à la communauté, sauf récompense, et pour permettre en conséquence au mari d'aliéner les propres mobiliers de la femme, c'est généraliser à tort une règle que la loi a posée dans une hypothèse toute spéciale.

C'est donc un point bien établi que des époux mariés en communauté peuvent avoir des meubles à eux *propres*, dans le sens rigoureux de ce mot. Cela admis, comment pourrait-on prétendre que le mari a le droit d'aliéner les propres mobiliers de sa femme ? Le mari n'a sur les biens de sa femme qu'un simple droit d'administration, qui ne comprend certainement pas le pouvoir d'aliéner. Il est vrai que l'art. 1428 ne parle que de la prohibition d'aliéner les *immeubles*; mais ce silence du législateur relativement aux propres mobiliers s'explique parfaitement par cette idée, que, les meubles propres n'étant, sous la communauté légale, qu'une exception assez rare, il est tout simple que le législateur n'ait pas songé à eux. Quant au raisonnement de Pothier, il ne doit pas nous arrêter; car il conduirait à décider que tout usufruitier de meubles a le droit de les aliéner, sous le prétexte qu'il est gêné dans sa jouissance.

On ne peut dire enfin que le mari pouvant intenter toutes les actions mobilières de la femme a par là même le droit d'aliéner tous ses meubles; car le droit d'intenter une action n'emporte pas celui de disposer de l'objet de cette action; ainsi, le tuteur qui peut, avec l'autorisation du conseil de famille, intenter une action immobilière (art. 464), ne peut pas, avec cette seule autorisation, aliéner un immeuble (art. 457).

Nous nous en tenons donc, à défaut de texte de loi qui vienne modifier ici le droit commun, au principe général qui veut qu'un bien ne puisse être aliéné que par la volonté de son propriétaire. L'art. 818 nous indique du reste la pensée du législateur, puisqu'il refuse au mari, aussi bien pour les meubles que pour les immeubles, l'action en partage des successions échues à la femme, lorsque ces meubles ou immeubles ne tombent pas dans la communauté (1).

De là nous conclurons que le mari ne peut pas faire novation des créances mobilières qui sont demeurées rigoureusement propres à la femme.

49. Comme administrateur de la communauté, le mari a des pouvoirs plus étendus que ceux d'un administrateur ordinaire ; l'art. 1421 dispose formellement que le mari peut vendre, aliéner et hypothéquer, sans le concours de la femme, les biens de la communauté. Nul doute par conséquent qu'il ne puisse nover les créances soit mobilières, soit immobilières, qui appartiennent à la communauté.

§ 2. Du rôle de débiteur.

50. De même que toute personne peut payer la dette d'un tiers, de même toute personne peut se porter débitrice à la place d'une autre et la libérer par

(1) *Sic*. Toullier, (XII-379). Duranton, (XIV-318). Bugnet, sur Pothier. (Communauté n° 325, note 1). Marcadé, (V. art. 1428, II.) Cass. 2 juillet 1840. — *Secus* Pothier, (Commun. n° 325). Merlin, (Rép. v° Réalisation, § 1, n° 5). Troplong. (II-982 et III-1936, 1937).

novation (art. 1274). Du moment que le créancier consent à accepter ainsi ce nouveau débiteur à la place de l'ancien, la première obligation est éteinte ; il y a novation.

51. Ainsi, s'il s'agit d'une dette solidaire, tous les codébiteurs sont libérés, soit que la nouvelle obligation ait été contractée par plusieurs d'entre eux, soit qu'elle l'ait été par un seul ou par un tiers (art. 1281, alin. 1).

52. Le débiteur originaire s'opposerait même en vain à cette novation, il peut être libéré malgré lui. Nous verrons du reste, en traitant des effets de la novation, que, s'il importe peu, au point de vue de l'extinction de la première obligation et de la création de la nouvelle, que l'ancien débiteur se soit opposé ou non à sa libération, cette circonstance n'est pas du moins indifférente en ce qui concerne le recours que le nouveau débiteur pourra exercer contre l'ancien.

SECTION II.

Des personnes qui ont l'exercice du droit de nover, ou de la capacité nécessaire pour faire novation.

53. Toute novation contient, de la part du créancier, l'abandon de sa créance, et de la part de l'autre partie, la soumission à l'obligation nouvelle qui doit remplacer l'ancienne. Il faut donc, pour que la novation soit valable, que les deux parties soient capables, l'une de remettre l'ancienne obligation, l'autre de contracter la nouvelle.

Lorsque la novation a lieu par changement de créancier, le nouveau créancier acquiert quelquefois le bénéfice de la seconde obligation, sans faire en échange l'abandon d'aucun droit ; il suffit alors que ce créancier ait la capacité d'acquérir.

54. Nous allons parcourir successivement les différents cas d'incapacité reconnus par la loi, et nous demander dans chacun d'eux si cette incapacité porte, soit sur le pouvoir d'aliéner une créance, soit sur le pouvoir de contracter une obligation, soit enfin sur le pouvoir d'acquérir.

55. *Mineur non émancipé.* Le mineur non émancipé n'a que la capacité d'acquérir. Il ne peut donc figurer valablement dans une novation, ni à l'effet d'aliéner une créance qui lui appartient, ni à l'effet de s'obliger pour nover sa propre dette ou la dette d'un tiers. Mais observons que l'incapacité du mineur est d'une nature toute particulière, et diffère profondément de l'incapacité de l'interdit ou de la femme mariée ; un mineur ne peut en effet, *en se fondant sur sa seule qualité de mineur*, faire annuler la convention qu'il a formée ; l'acte fait par lui n'est annulable qu'autant que le mineur établit qu'il a été lésé par cet acte : en un mot le mineur est tout simplement *restituable pour cause de lésion* (art. 1305). Ces principes devront être appliqués au cas de novation ; et en conséquence, la novation dans laquelle aura figuré un mineur ne sera annulée qu'autant que ce mineur prouvera qu'il a été lésé, soit en abandonnant sa première créance en échange d'une autre moins avantageuse, soit en contractant une obligation plus onéreuse à la place d'une autre plus légère. Ce sera du reste, dans l'un et l'autre cas, la novation elle-même qui sera annulée, et non pas seule-

ment l'aliénation de la créance faite par le mineur ou l'obligation contractée par lui. L'art. 1272 porte en effet que « *la novation ne peut s'opérer* qu'entre personnes capables de contracter. » Il n'en serait autrement, ainsi que nous l'avons dit plus haut (n° 32), qu'autant que les parties paraîtraient avoir eu une intention différente.

Le mineur, incapable de s'obliger ou d'aliéner, est au contraire parfaitement capable d'acquérir; une novation dans laquelle il figurerait commé créancier, sans faire l'abandon d'aucun droit', serait donc pleinement valable.

56. *Mineur émancipé*. Les actes qu'il peut faire seul sans le consentement de son curateur, sont seulement les actes de pure administration; il n'a donc pas en général le pouvoir de nover ses créances; nous lui accorderons cependant le droit de faire novation des créances qui ont pour objet des meubles corporels, ou une somme d'argent minime, puisque les meubles corporels ne sont pas, comme les capitaux, soustraits au droit d'administration qui lui appartient (art. 482), et qu'il peut valablement recevoir le paiement de ses revenus (art. 481); or, une créance minime ne doit pas être considérée comme un capital; les juges devront, du reste, se livrer, à cet égard, à une appréciation qui dépendra beaucoup des circonstances.

De même, un mineur émancipé ne peut figurer dans une novation comme débiteur, à moins que son obligation ne constitue un acte de pure administration.

Le mineur émancipé qui fait un commerce, est réputé majeur pour tous les faits relatifs à ce commerce (art. 487); il a donc le pouvoir de nover.

L'incapacité du mineur émancipé est d'ailleurs, dans le cas où elle existe, de la même nature que celle du mineur non émancipé ; ce n'est en réalité qu'une restitution pour cause de lésion.

57. *Interdit.* L'interdit étant privé de l'exercice de tous ses droits civils, ne peut ni aliéner ses créances, ni contracter des obligations ; mais un tiers peut valablement s'obliger envers lui, pourvu que l'interdit soit dans un intervalle lucide ; une novation, dans laquelle figure un interdit, n'est donc valable qu'autant que l'interdit, agissant dans un moment où il jouit de sa raison, se porte créancier à la place d'une autre personne, sans faire en échange de cette acquisition l'abandon d'aucun droit.

58. *Prodigue pourvu d'un conseil judiciaire.* L'art. 513 défend au prodigue pourvu d'un conseil judiciaire de recevoir un capital mobilier et d'en donner décharge. Cette prohibition a été proposée par le Tribunat, par ce motif que « l'interdit devait être assimilé à un mineur en tutelle, et celui à qui on donne un conseil à un émancipé. » Il faut donc appliquer au prodigue tout ce qui a été dit plus haut du mineur émancipé.

Observons pourtant que le prodigue et l'interdit sont véritablement *incapables*, dans le sens rigoureux de ce mot, c'est-à-dire qu'ils peuvent provoquer la nullité de leurs actes, par cela seul qu'ils sont pourvus d'un conseil ou d'un curateur, tandis que le mineur doit, en outre, prouver la lésion.

59. *Femme mariée* (1). La femme mariée est en

(1) Une femme non mariée est complètement capable, même lorsqu'elle s'oblige pour autrui. Notre droit n'a pas reproduit la disposition du S. C. Velleïen.

général incapable d'aliéner, de s'obliger et même d'acquérir à titre gratuit.

Cependant la femme séparée de biens pouvant disposer de son mobilier et l'aliéner, nous en conclurons qu'elle a le droit de nover ses créances mobilières. Nous ne lui accorderons pas d'une manière aussi large le droit de s'obliger à l'effet de nover ; car ses obligations ne sont valables qu'autant qu'elles sont contractées pour les besoins et dans les limites de l'administration de sa fortune (art. 1449). La règle qu'une femme ne peut acquérir à titre gratuit ne souffre aucune exception, parce qu'elle est fondée sur une raison de convenance, facile à comprendre, *ne turpem quœstum faciat ;* or, cette raison existe sous tous les régimes. Une femme mariée ne pourra donc jamais figurer dans une novation comme créancière, si elle ne fait l'abandon d'aucun droit en échange de la créance qu'elle acquiert.

Ce que nous venons de dire de la femme séparée de biens, doit s'appliquer à la femme dotale, en ce qui concerne la novation de ses créances paraphernales (art. 1576).

60. Terminons par une observation relative à tous les incapables. Lorsqu'une des parties contractantes est incapable, la novation n'est pas radicalement nulle ; elle est seulement susceptible d'annulation, et le droit d'en demander la nullité n'appartient qu'à l'incapable seul ou à ses représentants (art. 1125). L'action doit d'ailleurs être intentée dans les délais voulus (art. 1304). Quant aux conséquences de cette annulation prononcée, nous renvoyons à ce qui a été dit sur ce point (n°s 31 et suiv.).

CHAPITRE V.

Des effets de la novation.

61. Nous traiterons dans deux sections séparées : 1° des effets de la novation proprement dite ; 2° des effets de la novation par changement de débiteur. Quant aux effets de la novation par changement de créancier, il est inutile d'en faire l'objet d'une section distincte. Ce que nous dirons au sujet de la délégation suffira pour faire connaître les effets de ce troisième mode de novation, fort rare au reste dans la pratique.

SECTION I.

Des effets de la novation proprement dite.

62. L'ancienne obligation est éteinte et une nouvelle dette est créée pour la remplacer.

63. L'extinction de la première obligation entraîne comme conséquence l'extinction de toutes les garanties accessoires ; ainsi, cautionnements, gages, antichrèses, priviléges, hypothèques, tout disparaît avec le principal.

64. L'article 1278 apporte cependant à cette règle une exception remarquable. Reproduisant ici une règle du droit romain et de notre ancien droit français, cet article permet aux parties de transporter sur la nouvelle dette les priviléges et hypothèques qui garantissaient l'ancienne, pourvu que la réserve du créancier à cet égard soit expresse ; la réserve peut évidemment porter aussi sur les gages et les antichrèses qui

sont des espèces de privilèges ; mais les cautions ne peuvent, sans leur consentement, être rattachées à la nouvelle obligation (art. 1281 3° alin.) (1).

Il est clair du reste que cette réserve des priviléges et des hypothèques ne doit en aucun cas nuire aux autres créanciers hypothécaires d'un rang postérieur ; l'hypothèque réservée n'aura donc jamais plus d'effet, plus d'étendue pour la seconde dette qu'elle n'en avait pour la première. En conséquence, si la première dette est moins forte que la seconde, l'hypothèque ne pourra être réservée avec son rang que jusqu'à concurrence du montant de cette première dette. Si c'est la nouvelle dette qui est moins forte que la première, il est évident que l'hypothèque ne sera conservée que pour le chiffre de cette nouvelle dette ; car l'hypothèque ne peut jamais être plus étendue que la créance qu'elle garantit.

65. L'art. 1278 exige une réserve *expresse*, la réserve tacite serait en effet incompatible avec le nouveau régime hypothécaire, qui, pour l'exercice et la conservation des hypothèques, exige qu'on fasse, sur le registre du conservateur, une inscription où soient référées la date et la nature du titre constitutif de l'hypothèque. Si par exemple l'acte de convertissement d'une dette exigible en rente constituée ne réservait pas les anciennes hypothèques, on ne pourrait les ins-

---

(1) Cette translation, sur la nouvelle dette, des hypothèques de l'ancienne, ne peut se faire qu'au moment même de la novation, et non après coup, puisque ces hypothèques, si elles n'étaient pas maintenues et transportées en même temps qu'on éteint la dette, s'éteindraient avec elle, et qu'une fois éteintes, on ne pourrait plus les transporter, mais seulement en constituer de nouvelles (L. 30 ff. de novat.).

crire ni en vertu de cet acte qui n'en parle point, ni en vertu de l'acte précédent qui est anéanti par la nova- tion (1).

66. La réserve dont parle l'art. 1278 est-elle possible dans le cas où l'immeuble hypothéqué appartient à un tiers et non au débiteur lui-même ? Ainsi Primus a une créance de 1,000 fr. contre Secondus, et une hypothèque sur les biens de Tertius pour garantie de cette même obligation ; il convient avec Secundus que sa créance de 1,000 fr. sera convertie en une rente perpétuelle de 50 fr., et réserve en même temps son hypothèque sur les biens de Tertius. Cette réserve faite sans le consentement de Tertius est-elle valable ?

On serait tenté au premier abord de répondre affirmativement à cette question, car l'art. 1278 ne fait aucune distinction entre le cas où le bien hypothéqué appartient au débiteur et celui où il appartient à un tiers. Cette réserve ne cause d'ailleurs aucun préjudice au tiers détenteur, puisque le changement apporté dans l'objet de la dette n'aggrave pas l'hypothèque.

Nous croyons pourtant qu'on doit en décider autrement. Pothier, que les rédacteurs du Code ont suivi pas à pas dans la matière des obligations, dit formellement que « cette translation de l'ancienne créance à la nouvelle ne peut se faire qu'avec le consentement de la personne à qui les choses hypothéquées appartiennent. » Et plus loin il ajoute : « suivant les mêmes principes, si l'un d'entre plusieurs débiteurs solidaires contracte envers le créancier une nouvelle obligation, et qu'il soit porté par l'acte que les parties ont

____

(1) Toullier, t. VII, n° 309.

entendu faire novation de la première dette, sous la réserve des hypothèques, cette réserve ne peut avoir d'effet que pour l'hypothèque des biens de ce codébiteur qui contracte la nouvelle dette, et non pour les hypothèques des biens de ses codébiteurs, leurs biens ne pouvant pas être hypothéqués à cette nouvelle dette sans leur consentement (1). » Or cette dernière règle ayant été exactement reproduite par l'art. 1280, il faut bien en conclure que les rédacteurs du Code ont admis le principe dont cette règle n'est qu'une application. De là, la solution de notre question.

67. Nous avouons du reste que cette solution est regrettable, et qu'il eût été bon d'innover sur ce point. Du moment en effet que la réserve des hypothèques ne nuit pas aux tiers détenteurs, il n'y avait nulle raison d'exiger le consentement de ceux-ci, pour que cette réserve fût possible. S'appuyer, comme le fait Pothier d'après une loi romaine (2), sur ce qu'il n'est pas permis d'hypothéquer le bien d'autrui, c'est invoquer un motif sans valeur ; car il n'est pas question d'établir une hypothèque nouvelle, mais d'en maintenir une déjà existante. D'ailleurs cette réserve est permise dans la subrogation ; pourquoi ne le serait-elle pas dans la novation ? Quoi qu'il en soit, il faut bien accepter la loi telle qu'elle est, et reconnaître que notre législateur a voulu purement et simplement reproduire la doctrine de Pothier.

68. Mais rien n'empêche les parties de subordonner la novation à la condition que la nouvelle dette sera fidèlement payée. De cette manière, le créancier, qui

---

(1) Pothier, n° 599.
(2) L. 2, *ff. de pec. const.*

n'aura pas été payé en vertu de la seconde obligation, aura le droit d'agir, en vertu de la première, contre les cautions et les propriétaires des biens hypothéqués, puisque la novation, et par suite l'extinction des garanties accessoires de l'ancienne créance étaient soumises à une condition qui ne s'est pas réalisée.

69. On arrivera à un résultat analogue, en subordonnant la novation à la condition que les cautions de la première dette ou les propriétaires des biens hypothéqués accèderont à la nouvelle obligation ; si l'accession n'a pas lieu, l'ancienne créance subsiste.

SECTION II.

Des effets de la novation par changement de débiteur.

70. Nous nous occuperons dans deux paragraphes séparés des effets de l'expromission et des effets de la délégation.

§ 1. Des effets de l'expromission.

71. L'ancien débiteur est libéré, et l'*expromissor* se trouve obligé en sa place.

72. L'extinction de l'ancienne obligation entraîne, comme dans le cas de novation proprement dite, l'extinction des garanties accessoires.

Le créancier ne pourrait même pas, sans le consentement de l'ancien débiteur, transporter sur la nouvelle obligation les priviléges ou hypothèques qui garantissaient la précédente, et que nous supposons établis sur des biens de cet ancien débiteur. Nous avons démontré, en effet, que les rédacteurs du Code ont voulu reproduire exactement la doctrine de Pothier, d'après laquelle cette translation ne peut s'accomplir sans le contentement du propriétaire des biens hypothéqués.

73. Par application du même principe, l'art. 1280 décide que « lorsque la novation s'opère entre le créancier et l'un des débiteurs solidaires, les priviléges et hypothèques de l'ancienne créance ne peuvent être réservés que sur les biens de celui qui contracte la nouvelle dette. »

Selon Toullier (1), il y aurait contradiction entre cet art. 1280 et l'art. 1251, § 3, qui admet la subrogation de plein droit « au profit de celui qui, étant tenu avec d'autres ou pour d'autres au paiement de la dette, avait intérêt à l'acquitter. » Voici comment raisonne cet auteur : « Primus et Secundus me doivent solidairement 3,000 fr. avec hypothèque sur tous leurs biens. Primus me paie la totalité de la dette ; il est subrogé de plein droit dans mes droits et hypothèques, en vertu de l'art. 1251. S'il ne me paie que moitié en argent, et l'autre moitié en un billet payable en un an, par lequel il est dit que je l'accepte pour seul débiteur de la somme de 1,500 fr., restant de celle de 3,000 fr. qui m'était due en vertu d'acte du......, lequel demeure annulé, Primus, quoiqu'il ne m'ait pas payé la totalité argent comptant, n'en est pas moins, en vertu de l'art. 1251, § 3, subrogé légalement dans mes droits et hypothèques contre Secundus, qu'il a acquittés par la novation, laquelle équivaut à un paiement. Secundus est donc libéré envers moi ; je ne puis plus agir personnellement contre lui ; mais comme je puis exercer tous les droits de mon débi-

(1) T. VII, n° 313.

teur Primus, subrogé légalement dans les anciennes hypothèques, s'il ne me paie pas, je pourrai, même sans l'avoir réservée, exercer l'action hypothécaire contre Secundus. Il nous paraît donc qu'il existe, entre l'article 1251 et l'art. 1280, une contradiction qu'on ne peut faire disparaître qu'en retranchant, lors de la révision du Code, l'art. 1280 dont la disposition s'accorde mal avec les règles du droit, et avec la raison. »

Nous reconnaissons avec Toullier que la disposition de l'art. 1280 est regrettable, qu'elle s'accorde mal avec la raison ; nous voudrions qu'il fût permis aux parties contractantes de transporter sur la nouvelle dette les hypothèques de l'ancienne, sans qu'il fût besoin pour cela du consentement du propriétaire des biens grevés. Mais si la règle du Code peut être critiquée, il nous semble du moins que la loi, telle qu'elle est, est parfaitement compréhensible, et qu'elle n'offre dans ses dispositions aucune contradiction, aucune antinomie véritable. La position qui est faite par l'art. 1251 au créancier de plusieurs débiteurs solidaires, dont un éteint la dette par novation, est en effet bien différente de celle qu'il pourrait prendre, en se réservant les hypothèques qui garantissaient son ancienne créance, si cette réserve était permise. En se réservant les hypothèques, il continuerait de les avoir *proprio nomine*, et n'aurait par conséquent à craindre le concours d'aucun autre créancier ; tandis que, dans l'état actuel du droit, il ne peut agir qu'*au nom du débiteur* qui a fait novation, et par suite, sera forcé de subir le concours de tous les autres créanciers. Le Code a donc fort bien pu décider, sans se contredire, que le débiteur solidaire qui opère novation, est subrogé dans les hypothèques du créancier, tout en défendant au créancier de se réserver ces mêmes hypothèques sans le consentement du propriétaire des biens grevés.

74. Le créancier peut du reste conserver les avantages de sa première créance, en subordonnant la novation, soit à la condition que la nouvelle sera fidèlement exécutée, soit à la condition que les cautions et les propriétaires des biens grevés accéderont au nouvel engagement (art. 1281, 3ᵉ al).

75. Le nouveau débiteur, qui s'oblige à la place de l'ancien, aura un recours contre celui-ci quand il aura payé le créancier. Mais l'étendue de ce recours variera selon le cas.

76. Si l'ancien débiteur ne s'est pas opposé à ce que le nouveau s'oblige à sa place, celui-ci est alors un véritable gérant d'affaires, et a droit, en cette qualité, au remboursement des dépenses utilement faites par lui dans l'intérêt du débiteur originaire ; *l'expromissor* aura même droit aux intérêts des sommes payées par lui au créancier, du jour de chaque paiement (arg. de l'art. 2001.)

77. Si *l'expromissor* s'est obligé malgré l'opposition de l'ancien débiteur, il n'aura contre celui-ci qu'une action *de in rem verso*, fondée sur le principe que personne ne doit s'enrichir aux dépens d'autrui. L'ancien débiteur ne sera donc tenu que dans la limite du profit qu'il a retiré de la novation. Tout ce que la loi veut, c'est qu'il ne s'enrichisse pas aux dépens de celui qui s'est porté débiteur à sa place. Ainsi, il obtiendra du juge, non pas seulement des délais modérés, conformément au principe de l'art. 1244, mais

des délais très étendus, s'il prouve qu'il les eût facilement obtenus de son ancien créancier. Son obligation était-elle sur le point d'être prescrite, l'action *de in rem verso* se prescrira par le laps de temps qui restait à courir pour parfaire la prescription. Sa dette ne portait-elle pas intérêts, il sera seulement tenu de rembourser au nouveau débiteur le capital payé par celui-ci ; il ne devra les intérêts de ce capital que du jour de la demande en justice.

Cependant si le nouveau débiteur, quoique agissant malgré l'opposition de l'ancien, a eu des motifs sérieux, honnêtes et légitimes de libérer celui-ci par novation, si la résistance de l'ancien débiteur a été le résultat d'un entêtement aveugle et irréfléchi, on devra alors accorder à *l'expromissor* l'action proprement dite de gestion d'affaires.

78. Nous supposons d'ailleurs que *l'expromissor* n'a pas agi *animo donandi* ; car s'il résulte des circonstances qu'il s'est obligé dans un but de libéralité envers l'ancien débiteur, tout recours postérieur devra lui être refusé.

§ 2. Des effets de la délégation.

79. Nous avons déjà expliqué comment la délégation a souvent pour effet d'opérer une double novation, et peut même quelquefois en opérer un plus grand nombre (n° 9) ; nous ne reviendrons pas sur ce point.

80. Il nous paraît également inutile d'insister sur la conséquence que peut entraîner la délégation relativement à l'extinction des garanties accessoires. Tout ce que nous avons dit à ce sujet en traitant de la novation

proprement dite et de l'expromission établit suffisamment les principes de la matière (n° 63 et suiv.,
72 et suiv.).

81. Mais une question nouvelle se présente ici : c'est
celle de savoir jusqu'à quel point le déléguant est responsable de l'insolvabilité du délégué.

Nous avons montré qu'à Rome, l'insolvabilité du
délégué était toujours aux risques du délégataire et
non aux risques du déléguant, à moins qu'il n'y
ait eu dol de la part de ce dernier, ou convention
spéciale à ce sujet. Notre code en a décidé autrement ; il distingue entre l'insolvabilité actuelle et
l'insolvabilité future du délégué, et tandis qu'il laisse
le délégataire courir les risques de l'insolvabilité future, il rend au contraire le déléguant responsable de
l'insolvabilité actuelle, pourvu bien entendu que le
créancier ait ignoré cette insolvabilité au moment de
la délégation. L'art. 1276 porte en effet : « Le créancier, qui a déchargé le débiteur par qui a été faite la délégation, n'a point de recours contre ce débiteur, si le
délégué devient insolvable, à moins que l'acte n'en
contienne une réserve expresse, où que le délégué ne
fût déjà en faillite ouverte ou tombé en déconfiture au
moment de la délégation » (1). Cette théorie est due
à Cujas qui, par une fausse interprétation de deux
textes du Digeste, l'a présentée, mais à tort selon nous,
comme appartenant au droit romain (2). Despeisses

(1) Cet article est mal rédigé : il pose d'abord une règle, puis en excepte
un cas qui n'est pas compris dans la règle ; il est clair en effet que le cas
où le délégué *devient insolvable* ne comprend pas celui où il était *déjà*
déclaré en faillite ou tombé en déconfiture, *au moment de la délégation.*
Mais si la rédaction est vicieuse, le sens est du moins facile à saisir.

(2) Cujas, *Comm. in lib. XXXII, Pauli, ad edictum, ad legem* 26,

la combattit vivement, comme pouvant donner lieu à
de nombreuses difficultés, puisque le créancier sou-
tiendra toujours qu'il ignorait l'insolvabilité du délégué. Néanmoins elle fut acceptée par Pothier, et après
lui par les rédacteurs du Code qui la trouvèrent conforme à l'équité.

82. La loi accorde donc aujourd'hui au créancier
un recours contre le déléguant, dans le cas ou le délégué était insolvable au moment du contrat. Mais en
quoi ce recours consiste-t-il? La novation est-elle réputée non avenue, et le créancier reprend-il l'action
qu'il avait contre son ancien débiteur, ou bien ce recours n'est-il autre chose qu'une action en garantie
résultant implicitement du mandat donné par le déléguant à son créancier? On conçoit que la question in-
téresse au plus haut degré le délégataire; car si l'on
décide qu'il reprend sa première action, les garanties
accessoires qui l'accompagnaient subsisteront toujours,
tandis qu'une simple action en garantie sera dépour-
vue de tous ces avantages. Les deux opinions sont sou-
tenues. Mais la rédaction de l'art. 1276 nous paraît
établir clairement que le créancier aura une simple action en garantie, complétement différente de l'ancienne
action qu'il avait contre le déléguant; cet article met
en effet sur la même ligne le cas d'insolvabilité du délégué, et le cas ou le créancier s'est réservé expressément un *recours* contre son ancien débiteur. D'ailleurs
il ne peut être question de *recours* à exercer contre le
déléguant, qu'autant que l'ancienne créance est
éteinte. C'est précisément parce que le créancier

§ 2, *mandati.* — *L.* 22, § 2 *ff. de soluto matrimonio. L.* 41, § 3, *ff. de
iure dotium.*

éprouve un préjudice de l'extinction de cette créance qu'il a droit à un recours en indemnité (1).

83. Mais il est bien évident que cette nullité de la novation, qui ne résulte ni d'une simple convention de recours, ni de l'insolvabilité actuelle du délégué, pourrait fort bien résulter d'une convention *ad hoc* par laquelle les parties ne feraient qu'une novation conditionnelle. Le créancier peut en effet subordonner la novation à la condition suspensive de la solvabilité du délégué ou à la condition résolutoire de son insolvabilité.

84. On peut mettre en regard de la disposition de l'art. 1276 ce qui se passe au cas de cession de créance. Le cédant n'est tenu que de garantir l'existence de la créance. Peu importe que le débiteur cédé soit ou devienne insolvable ; il n'y a pas lieu à garantie. Cette différence entre la cession et la délégation nous paraît tenir à ce qu'une cession de créance est le plus souvent une affaire de spéculation que la loi ne juge pas digne de faveur tandis que, dans le cas de délégation, c'est un créancier qui rend service à son débiteur, en acceptant à sa place la personne que ce débiteur lui délègue.

(1) On accorde dans l'autre opinion, que les cautions sont définitivement libérées (argument de l'art. 2038).

POSITIONS SUR LA NOVATION.

DROIT ROMAIN.

I. Si la promesse de l'esclave né peut opérer novation, cela tient à ce que l'esclave est incapable de constituer par sa promesse un contrat verbal valable *dans la forme*.

II. L'addition d'un fidéjusseur suffit pour opérer novation, *pourvu que le débiteur principal soit interrogé de nouveau*. C'est ainsi qu'il faut expliquer ce passage des Institutes : « *Ita demum novatio fit......* *si conditio aut dies aut* FIDEJUSSOR *adjiciatur aut detrahatur.* » La substitution du mot *fidejussor* au mot *sponsor*, qui se trouve dans Gaïus, ne doit donc pas être considérée comme le résultat d'une inadvertance.

III. Du temps de Paul, la clause pénale ajoutée à la stipulation d'un *incertum* avait pour effet de transformer une stipulation non valable en obligation valable de payer la peine ; c'est en ce sens qu'il faut entendre la *quasi-novation* dont il est question, loi 44, § 6, *ff. de oblig. et act.* Toute antimonie cesse ainsi d'exister entre cette loi et la loi 71 *pr. ff pro socio*.

IV. Il était impossible, avant Justinien, de changer par une stipulation postérieure, les modalités d'une obligation déjà née, sans nover en même temps cette obligation.

V. Les jurisconsultes romains ne sont pas d'accord sur la question de savoir si une stipulation *conditionnelle* faite *animo novandi*, suffit pour purger la demeure du débiteur. De là l'antinomie qui existe entre les lois 14 *pr. ff de novat.*, et 72, § 1, *ff. de solut.* De là encore l'explication de la loi 56, § 8, *ff. de verb. oblig.*

VI. Chacun des *correi stipulandi* a le droit d'éteindre la créance par novation ; il en est ainsi, lors même que ces *correi* sont *socii*. Le jurisconsulte Paul ne nous paraît pas contredire sur ce point Vénuléius. Conciliation des lois 31, § 1, *ff. de novationibus*, et 27 *pr. ff. de pactis.*

VII. Le délégué ne peut jamais repousser l'action du délégataire au moyen d'une certaine exception, par cela seul que cette exception était déjà opposable au déléguant.

VIII. Les hypothèques qui garantissaient l'obligation éteinte par novation ne peuvent être transportées sur la nouvelle dette, sans le consentement du propriétaire des biens hypothéqués.

IX. Le délégataire n'a en principe aucun recours contre le déléguant à raison de l'insolvabilité, soit actuelle, soit future, du délégué. Il n'y a pas exception à cette règle dans le cas où un mari, sur la délégation de sa femme, stipule une dot du débiteur de celle-ci, bien que ce mari ne soit pas tenu de restituer, lors de la dissolution du mariage, tout ce qui a été constitué en dot, mais seulement ce qu'il a pu obtenir du délégué.

DROIT FRANÇAIS.

I. La conversion d'une créance exigible en rente perpétuelle opère nécessairement novation.

II. Il n'y a pas novation, dans le cas où un immeuble est vendu pour un capital, dont l'acheteur s'engage, *dans l'acte même de vente*, à servir la rente à un taux déterminé ; mais la rente forme directement le prix de l'immeuble vendu ; il y a donc rente foncière, et non rente constituée.

III. Le vendeur qui reçoit des billets à ordre ou des lettres de change, en paiement du prix de vente, dont il donne quittance sans réserves, fait novation pure et simple de sa créance.

IV. La délégation est nulle, si le délégué s'est cru faussement débiteur du déléguant.

V. Le recours accordé au créancier contre le déléguant, dans le cas où le délégué était déjà en faillite ouverte, ou tombé en déconfiture au moment de la délégation, consiste dans une simple action en garantie.

POSITIONS DIVERSES.

DROIT ROMAIN.

I. Le pupille qui s'oblige sans être habilité par son tuteur contracte une obligation naturelle.

II. L'hérédité jacente représente, en règle générale, la personne du défunt et non celle de l'héritier futur.

III. Il n'y a pas lieu de distinguer deux sortes de procurateurs généraux, jouissant de pouvoirs plus ou moins étendus, selon qu'on leur a confié une administration *libre* ou une administration *simple*.

IV. La perte de la chose due, survenue depuis la purge de la demeure, libère le débiteur *ipso jure*, qu'il s'agisse d'une obligation de bonne foi, ou d'une obligation de droit strict.

DROIT FRANÇAIS.

I. La femme qui a renoncé à la communauté ne peut pas exercer son droit de reprises sur la masse commune à titre de propriétaire et par voie de prélèvement, à l'exclusion des autres créanciers.

II. Les droits de mutation par décès ne doivent pas

être *prélevés* par la régie de l'enregistrement au préjudice des créanciers de la succession.

III. Sous le régime de la communauté, le mari n'a pas le droit d'aliéner les propres mobiliers de sa femme.

IV. Lorsqu'il s'agit de partager une succession entre *plusieurs* enfants naturels, et un ou plusieurs enfants légitimes, il ne faut pas donner à *chaque enfant naturel en particulier* le tiers de ce qu'il aurait eu, s'il avait été légitime; mais il faut donner à *tous les enfants naturels pris en masse*, le tiers de ce qu'ils auraient eu si *tous* avaient été légitimes (1).

PROCÉDURE.

I. Il faut avoir la possession annale pour pouvoir intenter l'action en réintégrande.

II. On ne peut saisir chez l'auteur un manuscrit qui n'a pas encore subi l'épreuve de la publicité.

DROIT CRIMINEL.

I. La publication en langue étrangère d'un ouvrage français constitue le délit de contrefaçon.

(1) Le système que nous repoussons donne lieu à des calculs très-compliqués; mais on peut les abréger au moyen de la formule suivante, dans laquelle *l* désigne le nombre des enfauts légitimes; *n* le nombre des enfants naturels, et *x* la part de chaque enfant naturel.

$$x = \pm \frac{1 \cdot 2 \cdot 3 \ldots (n-1)}{(l+1)(l+2)\ldots(l+n)} \frac{1}{3n}$$

$$\left[1 - (l+n)3 + \frac{(l+n)(l+n-1)}{1 \cdot 2} 3^2 \ldots \pm \frac{(l+n)(l+n-)\ldots(l+2)}{1 \cdot 2 \cdot 3 \ldots (n-1)} 3^{n-1} \right]$$

II. La Cour d'assises ne peut déclarer qu'il existe des circonstances atténuantes en faveur d'un accusé qu'elle juge par contumace.

HISTOIRE DU DROIT.

I. La communauté conjugale a son origine dans le droit germanique.

II. La noblesse en France a son origine dans la féodalité.

DROIT DES GENS.

I. Les neutres ne sont pas tenus de respecter un simple blocus de cabinet.

II. Il y a de choses qui sont *contrebande de guerre*, par leur nature même et indépendamment de tout traité.

Vu par le président de la thèse,

G. COLMET-DAAGE

Vu par le doyen de la Faculté,
C.-A. PELLAT.

PERMIS D'IMPRIMER.

Le vice-recteur,

CAYX.